富裕層だけじゃない!!
ケース別にわかる

令和5年からはじめる
計画的生前贈与の
シミュレーション

松岡 章夫／山岡 美樹 共著

一般財団法人 大蔵財務協会

はじめに

　昨今、様々な雑誌等で「相続税・贈与税の一体課税　増税時代」「生前贈与の見直し」などの見出しを見ることがあると思います。

　政府税制調査会の相続税・贈与税に関する専門家会合において、「資産移転の時期の選択により中立的な税制の構築に向けた論点整理」が行われ、この構築の具体的な道筋を付けるために令和5年度税改正において、①相続時精算課税制度の使い勝手の向上、②暦年課税における相続前贈与の加算、③贈与税の非課税措置の改正が行われました。具体的には、①については暦年課税と同じ110万円の基礎控除が創設され、②については相続財産に加算する期間が7年に延長され、③については節税的な利用につながらないよう所要の見直しが行われました。

　ところで、①は減税的な改正、②は増税的な改正であり①の相続時精算課税と②の暦年課税は選択制であることから、これから新たに相続税対策として生前贈与を考える場合に相続時精算課税・暦年課税のいずれを選択するかが問題になります。また、これまで、敢えて相続時精算課税を選択しないで暦年課税により相続税対策を行っていた場合には、相続時精算課税を選択すべきかが問題になります。

　そこで、本書では改正の内容が具体的に分かるように、また、計画的に生前贈与が行えるように、財産金額、相続までの想定年数などによるケース別のシミュレーションを行いました。ケース別シミュレーションを利用した生前贈与が相続対策の一助になればと思っております。

　おわりに、本書刊行の機会を与えていただいた大蔵財務協会の木村理事長をはじめ、出版編集部の皆様に心からの謝意を表します。

　令和5年3月

執筆者を代表して

松岡　章夫

凡　例

相法……相続税法

措法……租税特別措置法

相令……相続税法施行令

評価基本通達……財産評価基本通達

本書は、令和4年12月23日に閣議決定された「令和5年度税制改正の大綱」並びに第211回国会に令和5年2月3日に提出された「所得税法等の一部を改正する法律案」等に基づき作成していますが、今後の改正等の動向にご留意ください。

〈目次〉

令和5年度税制改正の相続税・贈与税の基本的な考え方

(1) はじめに

　相続税・贈与税については、平成31年度税制改正大綱において、「わが国においては、平成15年に相続時精算課税制度が導入されており、本制度の適用を選択すれば、生前贈与と相続に対する一体的な課税が行われるが、本制度は必ずしも十分に活用されていない。今後、諸外国の制度のあり方も踏まえつつ、格差の固定につながらないよう、機会の平等の確保に留意しながら、資産移転の時期の選択に中立的な制度を構築する方向で検討を進める。」と記され、令和2年度、令和3年度、令和4年度税制改正大綱においても引き続き検討を進める旨が示されていました。

　そこで、令和4年10月、政府税制調査会第4回総会での議論を踏まえ、政府税制調査会における議論の素材を整理するため、政府税調内に「相続税・贈与税に関する専門家会合」が設置されました。

　本会合においては、第1回会合において「中期的な課題」として「現行の法定相続分課税方式の見直しも含め、相続税・贈与税のあり方について、どのような方向性が考えられるか」が議論され、第2回会合において「当面の課題」として現行の課税方式の下、「相続時精算課税の使い勝手の向上」、「暦年課税による相続前の贈与の加算期間の見直し」、「各種贈与税の非課税措置」の論点が議論されました。第3回の会合（非公開）にて議論を重ねた後、令和4年11月8日に有識者会合として論点整理がまとめられ、その後、税制調査会での審議を経て令和5年度税制改正において、当面の課題について、以下のような一定の方向性が

示されました。

(2)　令和5年度税制改正

　令和5年度税制改正大綱（令和4年12月16日自由民主党・公明党）の
資産課税において、「高齢化等に伴い、高齢世代に資産が偏在するとと
もに、いわゆる『老老相続』が増加するなど、若年世代への資産移転が
進みにくい状況にある。高齢世代が保有する資産がより早いタイミング
で若年世代に移転することとなれば、その有効活用を通じた経済の活性
化が期待される。

　一方、相続税・贈与税は、税制が資産の再分配機能を果たす上で重要
な役割を担っている。高齢世代の資産が、適切な負担を伴うことなく世
代を超えて引き継がれることとなれば、格差の固定化につながりかねな
い。

　わが国の贈与税は、相続税の累進負担の回避を防止する観点から、相
続税よりも高い税率構造となっている。実際、相続税がかからない者や、
相続税がかかる者であってもその多くの者にとっては、贈与税の税率の
方が高いため、生前にまとまった財産を贈与しにくい。他方、相続税が
かかる者の中でも相続財産の多いごく一部の者にとっては、財産を生前
に分割して贈与する場合、相続税よりも低い税率が適用される。

　このため、資産の再分配機能の確保を図りつつ、資産の早期の世代間
移転を促進する観点から、生前贈与でも相続でもニーズに即した資産移
転が行われるよう、諸外国の制度も参考にしつつ、資産移転の時期の選
択により中立的な税制を構築していく必要がある。」との基本的な考え
方（資産移転の時期の選択により中立的な税制の構築）が示され、次の
ような改正が行われることとなりました。

【改正点等】

◎　相続時精算課税の改正（7ページ）

◎　相続前贈与加算の改正（10ページ）

◎　贈与税の非課税等関係（14ページ）

◎　その他の改正（116ページ）

◎　マンションの相続税評価についての適正化（117ページ）

（参考）　政府税制調査会　「相続税・贈与税に関する専門家会合」

（開催）

第1回会合　令和4年10月5日

第2回会合　令和4年10月21日

第3回会合　令和4年10月26日

（委員）

座長　増井良啓（東京大学大学院法学政治学研究科教授）

委員　岡村忠生（京都大学教授）

　　　神津信一（日本税理士連合会）

　　　佐藤英明（慶應義塾大学教授）

　　　髙橋俊行（日本税理士連合会）

　　　土居丈朗（慶應義塾大学教授）

　　　平井貴昭（日本税理士連合会）

　　　渕　圭吾（神戸大学教授）

　　　澁谷雅弘（中央大学教授）

2 相続時精算課税と相続前贈与加算の改正

(1) 相続税の仕組み

　相続財産の合計額から、債務（葬式費用を含む。）、基礎控除額を控除した課税価格を法定相続分で按分し、累進税率を適用して相続税の総額を計算し、この総額を各人の取得財産の額に応じて按分した税額を納税する仕組みとなっています。

（図1）相続税の計算の仕組み

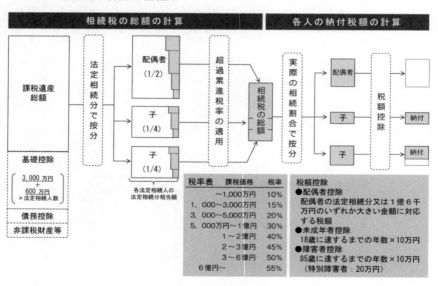

（相続税：贈与税に関する専門家会合資料より）

(参考) 相続税の税率

法定相続分に応ずる取得金額	税率	控除額
1,000万円以下	10%	—
3,000万円以下	15%	50万円
5,000万円以下	20%	200万円
1億円以下	30%	700万円
2億円以下	40%	1,700万円
3億円以下	45%	2,700万円
6億円以下	50%	4,200万円
6億円超	55%	7,200万円

(2) 贈与税の仕組み

贈与税の課税方法は暦年課税と相続時精算課税があります。

① 暦年課税

贈与税の暦年課税は、暦年ごとに贈与額に対して基礎控除110万円を控除した後に累進税率を適用して計算をします。贈与者の相続時には、死亡前3年（改正後は、7年）以内の贈与額を贈与者の相続財産に加算して相続税を課税（納付済みの贈与税は税額控除しますが、払いすぎていても還付は受けることができません。）することとされています。

② 相続時精算課税

60歳以上の両親（祖父母）から18歳以上の子供（孫）に贈与をした場合に、この課税制度の適用を選択した場合（選択後は撤回できず、暦年課税制度に戻ることはできません。）、累積贈与額2,500万円までは課税はされず、2,500万円を超えた部分に20%の税率で課税が行われます。この課税制度により贈与した特定贈与者の相続時には、この制度を利用して累積した贈与額を相続財産に加算して相続税を課税（納付した贈与税は税額控除し納付した贈与税が多い場

6

合は還付）する制度です。

（図2）暦年課税と相続時精算課税の概要

暦年課税
■ 計算方法
1年間に贈与により取得した財産の合計額から 基礎控除額を控除した残額について、累進税率を適用
●基礎控除　110万円
●税　　率　10％〜55％の累進税率（8段階） ※直系尊属から18歳以上の者への贈与については累進緩和

相続時精算課税
■ 計算方法
1年間に贈与により取得した財産の合計額から 特別控除額を控除した残額について、一定の税率を適用 贈与者が死亡した場合には、相続財産と贈与財産を合算して相続税額を計算
●特別控除　累積で2,500万円
●税　　率　20％
●適用要件　贈与者：60歳以上 　　　　　　受贈者：18歳以上の推定相続人・孫

（相続税：贈与税に関する専門家会合資料より）

（参考）　贈与税の税率

〈一般税率〉

基礎控除後の課税価格	税率	控除額
200万円以下	10％	—
300万円以下	15％	10万円
400万円以下	20％	25万円
600万円以下	30％	65万円
1,000万円以下	40％	125万円
1,500万円以下	45％	175万円
3,000万円以下	50％	250万円
3,000万円超	55％	400万円

〈特例税率〉（直系尊属から18際以上の者への贈与）

基礎控除後の課税価格	税率	控除額
200万円以下	10％	—
400万円以下	15％	10万円
600万円以下	20％	30万円
1,000万円以下	30％	90万円
1,500万円以下	40％	190万円
3,000万円以下	45％	265万円
4,500万円以下	50％	415万円
4,500万円超	55％	640万円

(3) 相続時精算課税の改正

（図３）贈与税と相続税の関係（現行）

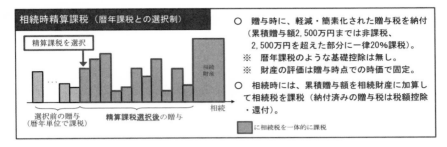

（自民党税制調査会資料より）

（図４）贈与税と相続税の関係（改正案）

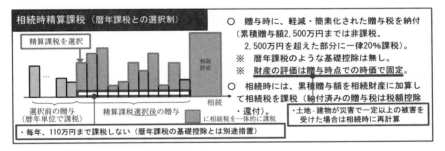

（自民党税制調査会資料より）

① 基礎控除（110万円）の創設

現行

　相続時精算課税を選択した場合は、累積贈与額2,500万円までは課税されませんが、暦年課税のような基礎控除（110万円）はありません。

改正

　相続時精算課税について、相続時精算課税適用者が特定贈与者か

8

ら贈与により取得した財産に係るその年分の贈与税については、現行の基礎控除とは別途、課税価格から基礎控除110万円を控除できることとされました。

（図5）基礎控除のイメージ

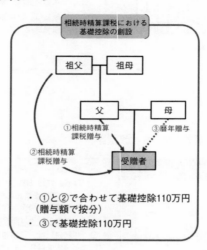

（自民党税制調査会資料より）

適用時期

　令和6年1月1日以後に贈与により取得する財産に係る相続税又は贈与税について適用されました。

【POINT1】

　相続時精算課税の適用を受けた贈与財産は、特定贈与者の相続財産に加算して相続税を計算することとなっています。今回の改正により、相続税の課税価格に加算する財産の価額は、110万円控除をした後の残額となりました。

【POINT2】

　上記の改正は、令和6年1月1日以後に贈与により取得する財産に係る相続税又は贈与税について適用されることから、既に、相続時精算課税の適用を受けている場合にも適用があります。

【TOPIC】

（問）　贈与税の基礎控除額は60万円？110万円？

　　　　今回の改正により創設された、相続税法第21条の11の2《相続時精算課税に係る贈与税の基礎控除》の基礎控除額は60万円と規定されており、また、相続税法第21条の5《贈与税の基礎控除》の基礎控除額も60万円と規定されていますが、基礎控除額として110万円控除できるのでしょうか。

（答）　租税特別措置法第70条の3の2《相続時精算課税に係る贈与税の基礎控除の特例》、同法70条の2の4《贈与税の基礎控除の特例》において、110万円を控除すると規定していますので、60万円ではなく110万円控除することができます。

②　財産の評価の再計算の創設

現行

　相続時精算課税の適用を受けた贈与財産は、特定贈与者の相続財産に加算して相続税を計算することとなっていますが、この財産の評価は贈与時点での時価で固定されていました。

改正

　相続時精算課税で受贈した土地・建物が災害により一定以上の被害を受けた場合、相続時にその課税価格を再計算（贈与の時における価額から当該価額のうち災害によって被害を受けた部分に相当する額を控除）する見直しを行うこととされました。

適用時期

　令和6年1月1日以後に生ずる災害により被害を受ける場合について適用されます。

(4)　相続前贈与加算制度の改正

（図6）贈与税と相続税の関係（現行）

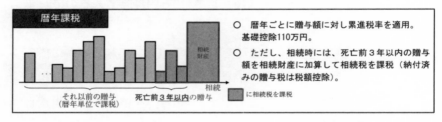

（自民党税制調査会資料より）

（図7）贈与税と相続税の関係（改正案）

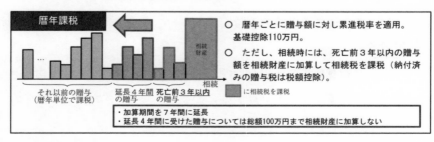

（自民党税制調査会資料より）

現行

　相続開始前3年以内に贈与を受けた贈与財産は、相続財産に加算して相続税を計算することとなっています。

改正

　暦年課税における相続前贈与の加算期間を7年に延長するほか、延長した期間（4年間）に受けた贈与のうち一定額（100万円）については、相続財産に加算しないこととする見直しが行われました。

適用時期

　令和6年1月1日以後に贈与により取得する財産に係る相続税について適用されます。

【POINT1】

　この改正は、令和6年1月1日以後に贈与により取得する財産に係る相続税について適用されることから、令和5年中の贈与により取得する財産には適用がなく、また、令和5年以前に行われた贈与財産にも適用がありません。

【POINT2】

　本件規定は、相続又は遺贈により財産を取得した相続人等に適用があります。生前に贈与財産を取得していても、相続又は遺贈により相続財産を取得しなければその適用がないことから、相続財産を取得しないように遺言書等を作成することにより本件規定の回避も可能です。

（図8）相続前贈与の加算期間の見直しに伴う経過措置のイメージ

○ 2024（R6）年1月1日以降に受けた贈与について、相続前贈与の加算期間の延長を適用する。
⇨ 相続前贈与の加算期間は、3年後の2027（R9）年1月1日から、順次延長されることとなる。

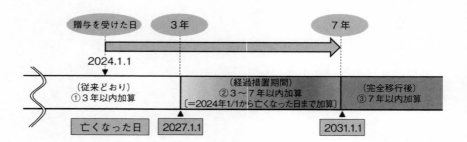

【①の例】 2026年7/1 に亡くなった場合、相続前贈与の加算の対象は、2023年7/1 以降に受けた贈与（＝3年間）

【②の例】 2028年1/1 に亡くなった場合、相続前贈与の加算の対象は、2024年1/1 以降に受けた贈与（＝4年間）

【③の例】 2031年7/1 に亡くなった場合、相続前贈与の加算の対象は、2024年7/1 以降に受けた贈与（＝7年間）

（自民党税制調査会資料より）

（参考）

区分				適用開始年	経過措置			7年加算開始			完全移行
	令和2年 2020年	令和3年 2021年	令和4年 2022年	令和5年 2023年	令和6年 2024年	令和7年 2025年	令和8年 2026年	令和9年 2027年	令和10年 2028年	令和11年 2029年	令和12年 2030年	令和13年 2031年
	加算	加算	加算	死亡年								
		加算	加算	加算	死亡年							
			加算	加算	加算	死亡年						
				加算	加算	加算	死亡年					
					加算	加算	加算	死亡年				
					加算	加算	加算	加算	死亡年			
					加算	加算	加算	加算	加算	死亡年		
					加算	加算	加算	加算	加算	加算	死亡年	
					加算	加算	加算	加算	加算	加算	加算	死亡年

（列の見出しは、令和2年〜令和13年／西暦2020年〜2031年。適用開始年＝令和6年、経過措置＝令和7年〜令和9年、7年加算開始＝令和10年〜令和12年、完全移行＝令和13年）

ポイント

相続の開始3年以内とは　例「相続開始：令和5年4月1日　⇒　令和2年4月1日」

相続開始：令和9年7月1日の場合　⇒　令和6年1月1日以後の贈与が対象

相続開始：令和13年7月1日の場合　⇒　令和6年7月1日以後の贈与が対象

贈与税の非課税措置
―配偶者控除の特例・住宅取得等資金・教育資金・結婚子育て資金―

　生前贈与には、次の(1)から(5)のような贈与税の非課税措置が設けられています。これらも合わせて活用することが効率的な相続対策への近道です。なお、令和5年度改正では、(1)から(3)の規定に改正はありません。(4)と(5)の制度は令和5年度税制改正により、一定の見直しが行われた上、適用期限が延長されています。

(1)　相続税法の生活費・教育費の非課税規定
　現行

　　扶養義務者間における教育費の贈与のうち通常必要と認められるものは非課税となります（相法21の3①二）。

　　これは、「扶養義務者相互間において生活費又は教育費に充てるためにした贈与により取得した財産のうち通常必要と認められるもの」は贈与税の課税価格に算入しない、という規定です。

　　父母がいる場合に、祖父母から孫に生活費・教育費を贈与しても非課税となりますが、必要な都度、必要資金を贈与した場合に限られ、必要資金を超えて贈与したものは課税対象となります。この非課税措置も有効に使っていくと効果があります。

(2)　贈与税の配偶者控除の特例（相法21の6、相令4の6）
　現行

　〈主な要件〉

①　婚姻期間20年以上の配偶者からの贈与

② 居住用不動産又は居住用不動産を取得するための金銭の贈与

③ 2,000万円の控除枠

　贈与者の相続開始前3年以内（令和6年1月1日以後：7年以内）の贈与であっても、この制度の適用を受けた2,000万円までの部分は相続税の課税価格に加算されません。

【POINT】一店舗兼住宅等の持分の贈与を受けた場合一

　甲が配偶者乙に、貸家兼住宅（貸家部分の割合2分の1、住宅部分の割合2分の1）の土地、建物について持分2分の1を贈与した場合。

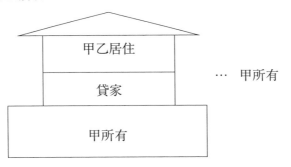

　この場合、原則、居住用部分の割合を乗じることになります（相通21の6－3本文）。

（居住部分）（贈与持分）
　1/2 × 1/2 ＝ 1/4

　したがって、残りの4分の1は、居住部分ではないため、この特例の適用を受けることができません。

　しかし、贈与の持分が、居住部分の割合以下である場合には、その贈与の持分全部を居住用部分とする申告が認められています（相通21の6－3但書）。つまり、居住用部分を先取りすることができることになります。

16

　　ただし、贈与後の所得税の貸家の申告は、原則どおりとなり、甲と乙が2分の1ずつ申告することになります。

　　また、相続税の小規模宅地等の課税の特例の対象となる被相続人の居住の用に供されていた部分の割合も原則どおりとなります（措通69の4－9）。したがって、甲の2分の1のうち4分の1は居住用となり、残りの4分の1は貸付事業用となります。

> 　　この配偶者控除の特例は、相続前贈与加算の相続税への持ち戻しがないため、相続税の課税価格を減少する効果はあるものの、小規模宅地等の特例（特定居住用宅地等の課税価額の80％減額）の適用を受けることはできないこととなるため、この贈与により相続税が基礎控除以下になる場合か小規模宅地等の対象宅地等が別途ある場合に有効と考えられます。

(3)　直系尊属からの住宅取得等資金の贈与に係る贈与税の非課税（措法70の2）

現行

〈主な要件〉

① 　直系尊属からの住宅用家屋の新築、取得又は増改築（受贈者の配偶者、直系血族、生計一親族等からの取得等は除く。）に充てるための資金の贈与

② 　受贈者が贈与の年の1月1日において18歳以上であること

③ 　贈与を受けた年の合計所得金額が2,000万円以下（床面積が40

㎡以上50㎡未満である場合は1,000万円以下）であること

④ 対象となる住宅の要件

　i 2分の1以上を居住用に供されること

　ii 国内にあること

　iii 床面積が40㎡以上240㎡以下

　iv 中古の場合には耐震性がある家屋又は昭和57年1月1日以後に建築されたもの

　v 増改築の場合には工事費用が100万円以上であり、増改築工事証明書等が必要

⑤ 取得期限等

　贈与年の翌年3月15日までに取得をし、原則居住すること

⑥ 非課税限度額は以下のとおり

贈与の時期	省エネ等住宅（注）	左記以外の住宅
令和4年1月1日〜令和5年12月31日	1,000万円	500万円

（注）省エネ等住宅とは、省エネ等基準に適合する住宅用の家屋であることにつき一定の証明がされたものをいう。

⑦ 過去の適用状況

　平成21年分から令和4年分までで贈与税の「住宅取得等資金の非課税」を適用していないこと

　なお、贈与者の相続開始前3年以内（令和6年1月1日以後：7年以内）の贈与であっても、この制度の適用を受けた部分は相続前贈与加算の対象外のため、相続税の課税価格に加算されません。

―住宅取得等資金の贈与を受けた場合の相続時精算課税の特例―

　住宅取得等資金贈与を利用すると、60歳未満の親・祖父母からでも相続時精算課税を適用することができます（措法70の3）。住宅等の要件は、上記(3)直系尊属からの住宅取得等資金の贈与税の非課税（措法70の2）とほぼ同じです（上記(3)③、⑦を除く。）が、「床面積が40㎡以上」となり、上限の240㎡がないところに注意を要します。この制度を適用すると、この住宅取得等資金に限らず、その贈与者からの贈与には、相続時精算課税制度が適用されることになります（措通70の3－4）。

　この住宅取得等資金の贈与の特例も相続前贈与加算の対象とならないため、相続税の課税価格を減少する効果があります。また、この住宅取得等資金の贈与の特例を適用することにより、相続時精算課税が本来適用できない贈与者60歳未満の者が、相続時精算課税を適用したい場合に検討をしていくものとなります。

(4) 教育資金の一括贈与に係る贈与税の非課税措置の改正

（図9）教育資金の一括贈与に係る贈与税の非課税措置

○ 概　　　要：親・祖父母（贈与者）が、金融機関（信託銀行・銀行等・証券会社）の子・孫（受贈者）名
　　　　　　　義の専用口座に教育資金を一括して拠出した場合には、1,500万円まで非課税
　　　　　　　とする。
○ 適 用 期 間：平成25年4月1日～<u>令和5年3月31日</u>⇒【改正案①】<u>令和8年3月31日まで3</u>
　　　　　　　<u>年延長</u>
○ 受 贈 者：子・孫（0歳～29歳、合計所得金額1,000万円以下）
○ 贈与者死亡時：死亡時の残高を相続財産に加算※1
○ 契約終了時：残高に対して、<u>特例税率を適用</u>して贈与税を課税⇒【改正案②】<u>本則税率を適用</u>

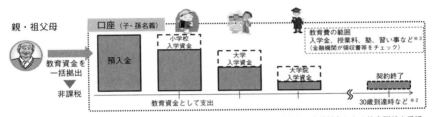

※1　受贈者が①23歳未満である場合、②学校等に在学中の場合、③教育訓練給付金の支給対象となる教育訓練を受講
　　している場合には、加算の対象外。
　　⇒【改正案③】贈与者に係る<u>相続税の課税価格の合計が5億円を超える場合</u>は、受贈者の年齢等に関わらず加算
※2　(1)30歳に達した日（学校等に在学・教育訓練を受講中の場合を除く）、(2)30歳に達した日後に年間で学校等に在
　　学・教育訓練を受講した日がなかった年の年末、(3)40歳に達した日、(4)信託財産等が零になった場合において教育
　　資金管理契約を終了させる旨の合意に基づき終了する日、のいずれか早い日
※3　23歳以上の受贈者については、①学校等に支払われる費用、②学校等に関連する費用、③教育訓練給付金の支給対
　　象となる教育訓練の受講費用に限定。
(参考)　令和4年3月末時点の信託の利用実績　契約件数：25万2,090件、信託財産設定額：約1兆8,814億円

（相続税・贈与税に関する専門家会合資料より）

<u>現行</u>

　　親・祖父母である贈与者が、金融機関の子・孫（0歳から29歳で
合計所得金額が1,000万円以下）の名義の専用口座に教育資金を拠
出した場合には、1,500万円を限度として非課税となります（措法
70の2の2）。

　　贈与者が死亡した際には、教育資金の残高は相続税の課税価格に
加算する必要がありますが、受贈者である子・孫が23歳未満である
場合など一定の場合には、加算の対象外となります。また、教育資

金に係る契約が終了した場合にはその残高に対して贈与税が課税されますが、その際の税率は特例税率により計算をします。

教育資金の一括贈与に係る贈与税の非課税措置については、節税的な利用につながらないよう次の見直しが行われることとなった上で、適用期限が3年延長されることとなりました。

改正

① 信託等があった日から教育資金管理契約の終了の日までの間に贈与者が死亡した場合において、当該贈与者の死亡に係る相続税の課税価格の合計額が5億円を超えるときは、受贈者が23歳未満である場合等であっても、その死亡の日における非課税拠出額から教育資金支出額を控除した残額を、当該受贈者が当該贈与者から相続等により取得したものとみなされ、相続税の課税価格に加算されることとなりました。

② 受贈者が30歳に達した場合等において、非課税拠出額から教育資金支出額を控除した残額に贈与税が課されるときは、一般税率を適用することとなりました。

適用時期

上記①の改正は、令和5年4月1日以後に取得する信託受益権等に係る相続税について適用されます。

上記②の改正は、令和5年4月1日以後に取得する信託受益権等に係る贈与税について適用されます。

その他の改正

対象となる教育資金の範囲に、都道府県知事等から国家戦略特別区域内に所在する場合の外国の保育士資格を有する者の人員配置基準等の一定の基準を満たす旨の証明書の交付を受けた認可外保育施

設に支払われる保育料等を加えることとされました。

適用時期

　上記の改正は、令和5年4月1日以後に支払われる教育資金について適用されます。

【POINT1】―相続時精算課税制度との比較―

　適用期限が3年延長されましたが、上記改正のとおり課税が強化されています。喫緊に本件規定の適用が受けられる支出が見込まれる場合は別として、7ページの相続時精算課税の基礎控除110万円の範囲で、仮に、0歳から30歳になるまで毎年贈与を行った場合、110万円×30年＝3,300万円までが非課税でかつ相続財産に加算する必要がないことから、この点を考慮して適用の検討をする必要があります。

【POINT2】―贈与者死亡時の相続税課税―

　贈与者死亡時までに、教育資金を使いきれば問題ありませんが、贈与者死亡時に使い残しがある場合に注意を要します。

　教育資金の拠出時期により、贈与者死亡時の相続税課税が以下のように異なります。

拠出時期	平成25年4月1日〜平成31年3月31日	平成31年4月1日〜令和3年3月31日	令和3年4月1日〜令和5年3月31日	令和5年4月1日〜令和8年3月31日
相続財産への加算	加算なし	死亡前3年以内の拠出に限り加算あり（注1）	加算あり（注1）	加算あり（注2）
相続税の2割加算	適用なし	適用なし	適用あり	適用あり

（注1）　受贈者が23歳未満、学校等就学中、一定の教育訓練を受講中の場合には加算されません。
（注2）　注1と同様ですが、相続税の課税価格が5億円超の場合には、受贈者の年齢等にかかわらず加算されます。

〈令和 5 年 4 月 1 日以降の拠出の場合〉

　贈与者の死亡時に使い残しが想定されるときであっても、令和 5 年 4 月 1 日以降の拠出の場合には、相続税の課税価格が 5 億円を超えないと見込まれるときには、教育資金贈与を検討することになります。すなわち、相続税の課税価格が 5 億円を超えない場合には、贈与者の死亡時に使い残し金額が相続税の課税を受けることなく、受贈者が30歳になるまで等、課税が先延ばしできることになります。

〈仮に拠出した1,500万円が全く手付かずに残った場合の贈与税〉

贈与税の税率は一般税率が適用となります（措法70の 2 の 2 ⑰二）。

　　1,500万円－110万円＝1,390万円

　　1,390万円×45％－175万円＝450万5,000円

〈仮に1,500万円を孫に遺贈した場合の相続税〉

　1,500万円×45％（ 5 億円の課税価格で配偶者と子 1 人が相続人の場合の限界税率）×1.2（ 2 割加算）＝810万円の相続税が課税されることになります。

(5) 結婚・子育て資金の一括贈与に係る贈与税の非課税措置の改正

(図10) 結婚・子育て資金の一括贈与に係る贈与税の非課税措置

○ 概　　　要：親・祖父母(贈与者)が、金融機関（信託銀行・銀行等・証券会社）の子・孫(受贈者)名義の専用口座に結婚・子育て資金を一括して拠出した場合には、1,000万円まで非課税とする。

○ 適 用 期 間：平成27年4月1日〜<u>令和5年3月31日</u>⇒【改正案①】<u>令和7年3月31日まで2年延長</u>

○ 受 　 贈 　 者：子・孫(18歳〜49歳、合計所得金額1,000万円以下)

○ 贈与者死亡時：死亡時の残高を相続財産に加算

○ 契 約 終 了 時※：残高に対して、<u>特例税率を適用</u>して贈与税を課税⇒【改正案②】<u>本則税率を適用</u>

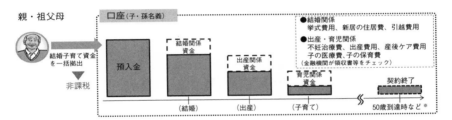

※ (1)50歳に達した日、(2)信託財産が零になった場合において結婚・子育て資金管理契約を終了させる旨の合意に基づき終了する日、のいずれか早い日
(参考) 令和4年3月末時点の信託の利用実績　契約件数：7,363件、信託財産設定額：約224億円

（相続税：贈与税に関する専門家会合資料より）

現行

　親・祖父母の贈与者が、金融機関の子・孫（18歳から49歳で合計所得金額が1,000万円以下）の名義の専用口座に結婚・子育て資金を一括して拠出した場合には、1,000万円を限度として非課税となります（措法70の2の3）。

　贈与者が死亡した際には、結婚・子育て資金の残高は相続税の課税価格に加算する必要があります。また、結婚・子育て資金に係る契約が終了した場合にはその残高に対して贈与税が課税されますが、その際の税率は特例税率により計算をします。

　結婚・子育て資金の一括贈与に係る贈与税の非課税措置について
も、節税的な利用につながらないよう次の見直しが行われることと
なった上で、適用期限を２年延長されることとなりました。

改正

　受贈者が50歳に達した場合等において、非課税拠出額から結婚・
子育て資金支出額を控除した残額に贈与税が課されるときは、一般
税率を適用することとされました。

適用時期

　上記の改正は、令和５年４月１日以後に取得する信託受益権等に
係る贈与税について適用されます。

【POINT1】―相続時精算課税制度との比較―

　適用期限が２年延長されましたが、上記改正のとおり課税が
強化されています。喫緊に本件規定の適用が受けられる支出が
見込まれる場合は別として、７ページの相続時精算課税の基礎
控除110万円の範囲で、仮に、18歳から50歳になるまで毎年贈
与を行った場合、110万円×31年＝3,410万円までが非課税でか
つ相続財産に加算する必要がないことから、この点を考慮して
適用の検討をする必要があります。

【POINT2】―贈与者死亡時の相続税課税―

　結婚・子育て資金の拠出時期により、贈与者死亡時の相続税
課税が以下のように異なります。

拠出時期	平成27年4月1日 〜 令和3年3月31日	令和3年4月1日 〜 令和5年3月31日	令和5年4月1日 〜 令和8年3月31日
相続財産 への加算	加算あり	加算あり	加算あり
相続税の 2割加算	適用なし	適用あり	適用あり

　教育資金贈与と異なり、こちらは使い残しに一般税率での相続税課税があるので、使いきる場合のみに適用した方がよいということになります。

生前贈与の活用例と注意点

⑴ 暦年贈与の活用

　法定相続人が、配偶者、子2人のケースで、遺産が5億円のときに、各相続人が法定相続分通りに取得した場合の子2人の合計税額は6,555万円です（ケース1）。

【ケース1　遺産5億円、何も対策をしない場合】　　　　　　　　（単位：円）

相続税の試算			配偶者	子2人	
課税財産額	A	500,000,000	250,000,000	250,000,000	
基礎控除額	B	△ 48,000,000			
課税対象額	C（＝A－B）	452,000,000			
算出相続税額	D	131,100,000	65,550,000	65,550,000	
配偶者の軽減額	E	△ 65,550,000	△ 65,550,000		
納付税額	F（＝D－E）	65,550,000	0	65,550,000	限界税率、(0.4+0.45)／4 =21.25%

> このご家族が、子2人及びその配偶者、孫4人（2人ずつと仮定）
> の計8人に毎年111万円の贈与を10年間実行した場合

　贈与税は、一人当たり毎年1,000円となるので、合計8万円となります。
　一方、財産は、8,880万円減少するので、相続時点では、4億1,120万円の遺産額となります。7年以内の相続前贈与加算を考慮せずに、相続税額を計算すると、子2人の合計税額は4,806万円となり（ケース2）、何も対策をしない場合のケース1に比べると1,741万円有利となります。

【ケース 2　遺産 5 億円、贈与を10年間実施した場合】
(単位：円)

相続税の試算			配偶者	子 2 人	子の配偶者、孫ら 6 人合計
贈与財産	G	88,800,000		22,200,000	66,600,000
相続税課税対象財産	H（＝A－G）	411,200,000	205,600,000	205,600,000	
基礎控除額	B	△ 48,000,000			
課税対象額	I（＝H－B）	363,200,000			
算出相続税額	J	96,120,000	48,060,000	48,060,000	平均税率D／C23％
配偶者の軽減額	K	△ 48,060,000	△ 48,060,000		
納付税額	L	48,060,000	0	48,060,000	7 年以内相続前贈与加算は考慮なし
贈与税の合計額	M	80,000		20,000	60,000
納付税額合計（L＋M）	N	48,140,000		48,080,000	60,000

↓
ケース 1 に比べ、1,741万円少ない

　この暦年贈与の活用が、相続税の減額に最も効果が高くなります。毎
年いくらずつ贈与すればいいのかは、贈与対象者の人数、見込年数など
を考慮して決定することになりますが、上記ケース 1 の F 欄の限界税率
（37、43ページ参照）以下の贈与を繰り返し行うことが有効になります。
　毎年、繰り返し贈与を行うのに適しているのは、以下の財産があげら
れます。

① 　現預金
② 　株式（非上場、上場とも）
③ 　不動産の持分贈与
　　この場合、登記費用が問題となります。登録免許税は相続に比べる
　　と高率となり、不動産取得税は相続が非課税なのに対し、贈与の場合、
　　課税されることになります。
④ 　同族会社への貸付金
　　贈与契約書の作成に加え、債権を贈与したことを債務者へ通知をす
　　る必要があります。

> **民法 《指名債権の譲渡の対抗要件》**
> **第467条** 指名債権の譲渡は、譲渡人が債務者に通知をし、又は債務者が承諾をしなければ、債務者その他の第三者に対抗することができない。
> 2　前項の通知又は承諾は、確定日付のある証書によってしなければ、債務者以外の第三者に対抗することができない。

(2) 高収益の不動産の贈与

　高収益の賃貸物件を保有している場合には、建物のみの持分を家族に贈与することで収入が各人に分配され、所得税の累進回避になるとともに、不動産からの収益のたまりが家族に移転することにもなり、有効です。その場合、土地の利用関係は使用貸借にしておくことになります。

　この際に、贈与者に借入金がある場合には、負担付贈与にならないように注意が必要です。また、銀行の承諾も必要となります。贈与した部分に係る借入金が残る場合、その部分の金利は経費にはなりません。

　評価が高い物件になると、相続時精算課税の利用も視野に入ってきますが、贈与者の年齢、財産の状況、受贈者の年齢、子供か孫かなど、多方面から検討を加え、選択を慎重に行う必要があります。

(3) 株価が上昇している上場株式の贈与

　贈与者が、資産運用で保有している上場株式がある場合には、その値動きにも注意を払っていく必要があります。仮に、1株1,000円で購入した上場株式を保有しており、その株価が500円になっている場合を想定します。この株価が急回復して、2か月の間に1,000円になった場合、上場株式の相続税評価は以下のように、500円となることに注目します。

〈上場株式の相続税評価額〉（評価基本通達169）

以下の４つのうち、最も低い金額となります。

① 課税時期の終値

② 課税時期の属する月の月中平均

③ 課税時期の属する前月の月中平均

④ 課税時期の属する前々月の月中平均

　具体的には、500円くらいで上下していた株式が、短期間に1,000円くらいに上昇した銘柄があれば、この株式は、１株500円の評価で贈与することができるため、贈与を行う好機となります。贈与を受けたのち、1,000円で売却しても、受贈者は、特定口座で贈与者の取得価額を引き継ぐことができるので、今回の売却で発生した譲渡所得に伴う課税は生じず、１株1,000円を手に入れることができます。

　ただし、負担付贈与又は個人間の売買では、課税時期の終値だけで評価されるので注意が必要です（評価基本通達169(2)）。

(4)　相続時精算課税と暦年課税の比較

　相続時精算課税の選択におけるクライアントへの説明のポイントとして次のものが考えられます。

　相続時精算課税は、何年も後になり選択の結果がでる制度です。その間にさまざまな事柄が起こるので、本制度を選択する際に、クライアントに制度のメリット・デメリットを十分に説明した上で、納得してもらう必要があります。

① 　贈与者の相続時に改めて、贈与額を相続財産に加算して相続税を計算することになるがその際の加算額は贈与税の課税価額となる。

② 　暦年課税との併用不可（本制度を一度選択すると、その特定贈与者からの贈与については暦年課税の選択が一切できない。）

③　本制度の撤回不可

④　贈与財産が無価値になっても相続税額が発生する。

⑤　相続税制変更に伴う不利があり得る（基礎控除引き下げなど）。

　（実例）　平成26年以前に、子1人が推定相続人の親の財産が6,000万円
　　　　　のとき、相続税が非課税なので4,000万円の財産の贈与を相続時
　　　　　精算課税で行っていたが、平成27年度税制改正により、相続税
　　　　　の基礎控除額及び税率が改正され、相続税の基礎控除が3,600万
　　　　　円に下がり課税となったケースがある。結果として、暦年課税
　　　　　のくり返しの適用の方が有利であったことになる。

⑥　贈与者の財産全体が不明だと暦年課税との有利不利は不明である。

⑦　受贈者が特定贈与者より先に死亡すると二重課税になる恐れがある。

⑧　本制度を選択すると、選択後の贈与は、無申告であっても評価誤り
　があっても贈与税の時効にかかわらず、相続時には本来申告すべきも
　のであった金額を加算することになる。

⑨　小規模宅地等の特例による減額の適用ができない。

⑩　本制度の贈与財産は、相続税のときに物納ができない。

⑪　本制度により贈与を受けた財産が不動産の場合の登録免許税の税率
　は、相続の時の税率より高くなる。土地の場合、相続が0.4％に対し、
　贈与は2％である。

⑫　本制度により贈与を受けた財産が不動産の場合の不動産取得税の税
　率は、相続は非課税であるが、宅地の場合、2分の1×3％となる。

⑬　民法上の特別受益・遺留分の取扱いを十分説明をしておく必要がある。
　この場合、弁護士を交えて、推定相続人全員に説明できれば最善である。

⑭　贈与税の申告内容開示制度により、本制度を適用すると、相続時に
　他の相続人等にも贈与額が明らかになる。暦年課税でも、加算の対象
　となる7年以内であれば、他の相続人等にわかる場合がある。

(5) 相続時精算課税と暦年課税のメリット・デメリット

　贈与を実行する際に、相続時精算課税がいいのか、暦年課税がいいのか選択をすることになりますが、そのメリット、デメリットは、次のようなものが考えられます。

〈令和6年分以後〉

	メリット	デメリット
相続時精算課税	・多額に贈与ができる。 ・2,500万円まで、一旦は非課税で移すことができる。 ・将来価値が上昇する財産を贈与すると有効である。 ・収入を多く得られる賃貸不動産などを贈与すると有効である。 ・基礎控除110万円までは非課税で、相続前贈与加算の対象外となる。	・相続時に精算する義務がある。 ・贈与時より価値が下落すると暦年贈与に比べダメージが大きい。 ・受贈者が先に死亡すると二重課税になる。 ・税制改正に対応しにくい。 ・受贈者が18歳以上でないとできない。 ・相続税法第49条の開示対象となる。
暦年課税	・7年経過すれば相続税とは切り離される。 ・贈与対象者は推定相続人に限らない。 ・推定相続人以外であれば7年以内を気にする必要がない。 ・多くの相手方に贈与できる。 ・税制改正に対応しやすい。 ・受贈者が未成年でも適用できる。 ・7年経過すれば相続税法第49条の開示対象とならない（不動産の贈与の場合登記の履歴が残る。）。 ・直系尊属から18歳以上の者が受ける贈与税は、特例税率となり、一般税率より優遇される。	・あまり多額には贈与ができない。 ・基礎控除が110万円しかない。 ・累進税率の刻みがきつい。 ・相続開始前7年以内のものは、相続税法第49条の開示対象となる。

相続時精算課税110万円の基礎控除追加と相続前贈与加算延長に伴うシミュレーション

(1) 実務の対応の原則

　令和6年1月からの贈与については、大きな改正が行われます。そうした中での実務の対応は以下のことが考えられます。

① 　令和5年分は、暦年贈与の相続前贈与加算が3年のままなので、推定相続人に対する贈与を積極的に行うことが考えられます。このときに、配偶者への贈与は、仮に3年以内に相続が発生した場合には、支払った贈与税額が控除しきれずに還付ができないことが想定されるので、大きな金額の贈与はよく検討してからにすべきです。

② 　令和5年分も含め、令和6年分以降も、推定相続人以外（孫）への贈与は、当該受贈者が相続又は遺贈により被相続人から財産を取得しない限り、相続前贈与加算はないので、積極的に考えることも重要になります。

③ 　令和6年分以降は、推定相続人に対しては、110万円の別枠の基礎控除が設けられる相続時精算課税を利用していくことも考慮していくものと思われます。

贈与の相手先	令和5年分	令和6年以降
推定相続人（配偶者以外の子）	相続前贈与加算が3年なので、相続税の限界税率以下での贈与を行う。	相続前贈与加算が7年に延び、考え方は左記と同じであるが、相続時精算課税の非課税110万円の利用も検討する。
配偶者	相続前贈与加算が3年であるが、相続前贈与加算の対象となった場合、支払った贈与税の控除ができない恐れがあるので多額の贈与は避ける。	相続前贈与加算が7年に延びるが、考え方は左記と同じ。
推定相続人以外（孫など）	原則相続前贈与加算がないので、相続税の限界税率以下での贈与を行う。	考え方は左記と同じ。

(2) 財産額別の具体的なシミュレーション

　ここでは、5億円、3億、2億、1億、8,000万円、10億円、20億円の財産額ごとに具体的な贈与シミュレーションを行います。

（共通の前提）

● 　法定相続人が、配偶者、子2人のケース。子にそれぞれ孫（贈与の年の1月1日においてすべて18歳以上とする。）が2人ずついる。

● 　相続税と贈与税の合計の負担がなるべく低くなるように生前贈与を行っていく。

● 　第一次相続の分割協議は、配偶者の死亡時の第二次相続のことは考慮せず、配偶者の税額軽減の適用に当たり、1億6千万円までの取得が非課税となる制度も適用しない。したがって、法定相続分での取得とする。

(注)　生前贈与以外の対策との併用が効果的ではあるが、生前贈与のみでの対策に限定することとする。また、実際には現預金ばかり財産にあるわけではなく、現預金以外の財産の贈与も想定できる。その際には、27ページに掲げた繰り返しの贈与に適した財産の贈与を行うなど、なるべく効率的な金額での贈与を実行することとする。

---

1 財産が5億円のケース

① 何も対策をしない場合

26ページ【ケース1】で相続税が6,555万円となり、限界税率が21.25％となります。

（※） 限界税率については、37、43ページ参照。

② 相続まで10年と想定した場合

財産が5億円、相続まで10年と想定し、以下のような生前贈与を実行したと仮定してみます。

> ① 子2人には、3年間、x万円ずつの暦年贈与を行う。4年目から相続時精算課税で新たに設けられた110万円ずつの贈与を行う。
> ② 配偶者には、4年間110万円ずつ暦年贈与を行う。
> （4年目は相続前7年以内の加算対象となるが、加算対象から100万円が控除されることを考慮している。）
> ③ 子の配偶者2人(注)及び孫4人には毎年10年間、y万円ずつ暦年贈与を行う。
> (注) 子の配偶者に贈与を行うことは、実務的には少ないかもしれないが、本稿のシミュレーションでは生前贈与の効果を増加させるために、対象としている。

上記の贈与を行うと、（x×2人×3年＋110万円×2人×7年）＋（110万円×4年）＋（y×6人×10年）の財産が減少することになります。xとyを同額とすると、減少財産額は66x＋1,980万円となります。x＝y＝310万円と仮置きして、効果を検証してみます。

【ケース3　財産が5億円、相続まで10年と想定】

① 子2人には、3年間、310万円ずつの暦年贈与を行う。4年目から相続時精算課税で新たに設けられた110万円ずつの贈与を行う。

② 配偶者には、4年間110万円ずつ暦年贈与を行う。

③ 子の配偶者2人及び孫4人には毎年10年間、310万円ずつ暦年贈与を行う。

（単位は万円　暦＝暦年贈与、　精＝相続時精算課税）

	1年目	2年目	3年目	4年目	5年目	6年目	7年目	8年目	9年目	10年目
配偶者	暦110	暦110	暦110	暦110						
子2人	暦310	暦310	暦310	精110	精110	精110	精110	精110	精110	精110
孫ら6人	暦310	暦310	暦310	暦310	暦310	暦310	暦310	暦310	暦310	暦310

〈贈与税額（下記参照）〉

配偶者：110万円以下なので非課税

子2人：20万円×2人×3年＝120万円。相続時精算課税は110万円以下なので非課税

孫ら6人：20万円×6人×10年＝1,200万円

〈贈与税の税額〉

限界税率を考慮すると、以下の金額の贈与がシミュレーションに多く出てくるので下に掲げます（6ページの贈与税の速算表を参照）。

（万円）

贈与金額	特例贈与	一般贈与
310	20	20
410	35	35
510	50	55
710	90	115
1,110	210	275
1,610	410	500
3,110	1,085	1,250

　一方、相続税については、財産が22,440万円減少するので、相続時点では、２億7,560万円の遺産額となります。ただし、配偶者への４年目の贈与110万円は７年以内の贈与のため、今回の改正で設けられた100万円を控除した10万円が相続税の課税価格に加算されます。相続税額を計算すると、子２人の合計税額は2,435万円となります（ケース３）。贈与税も含めて比較すると、何も対策をしない場合のケース１（26ページ）に比べ2,800万円有利となります。

（単位：円）

相続税の試算

			配偶者	子2人	子の配偶者、孫ら6人 合計
スタート時点の財産	A	500,000,000			
1人分の贈与額			110万円×4	310万円×3＋ 110万円×7	310万円×10
贈与財産	B	224,400,000	4,400,000	34,000,000	186,000,000
上記のうち生前加算	C	100,000	100,000		
相続税課税対象財産	D（＝A－ B＋C）	275,700,000	137,850,000	137,850,000	
基礎控除額	E	△ 48,000,000			
課税対象額	F（＝D－E）	227,700,000			
算出相続税額	G	48,695,000	24,347,500	24,347,500	
配偶者の軽減額	H	−24,347,500	△ 24,347,500		
納付税額	I	24,347,500	0	24,347,500	限界税率、(0.3+0.4)／4 ＝17.5％
贈与税の合計額	J	13,200,000		1,200,000	12,000,000
納付税額合計（I＋J）	K	37,547,500	0	25,547,500	12,000,000

↓
ケース１に比べ、2,800万円少ない

　ケース３の相続税の限界税率は17.5％であり、310万円の贈与による贈与税の限界税率は10％です。相続税の税率表を見ると、もう少し相続税の課税対象が減少すると（20％＋30％）／４＝12.5％となることが分かります。したがって、ケース３での相続税の限界税率は17.5％を12.5％まで引き下げるべく、贈与税の限界税率15％のゾーンを使うのが最適値となりそうです。

ケース3のFの金額を2億円とすれば、相続税の限界税率は12.5%となるので、2億円を超えた2,770万円を34ページの方程式に出てきた66で割ると暦年贈与を42万円ずつ増加すれば最適値となりそうです。ケース4で検証してみます。

〈配偶者と子2人が相続人であるときの相続税の限界税率の求め方〉

課税対象額① （基礎控除後）	計算過程①×	税率	左記の平均税率②	配偶者軽減後の 限界税率②/2	限界税率
		相続税			贈与税
24億円超	1/2＝12億円 1/4＝ 6億円	55% 55%	55%	27.5%	⇐ 55% 〜 30%
24億円以下 12億円超	1/2＝ 6億円 1/4＝ 3億円	55% 50%	52.5%	26.25%	
12億円以下 8億円超	1/2＝ 4億円 1/4＝ 2億円	50% 45%	47.5%	23.75%	
8億円以下 6億円超	1/2＝ 3億円 1/4＝1.5億円	50% 40%	45%	22.5%	
6億円以下 4億円超	1/2＝ 2億円 1/4＝ 1億円	45% 40%	42.5%	21.25%	
4億円以下 2億円超	1/2＝ 1億円 1/4＝0.5億円	40% 30%	35%	17.5%	⇐ 20%
2億円以下 1.2億円超	1/2＝0.6億円 1/4＝0.3億円	30% 20%	25%	12.5%	⇐ 15%
1.2億円以下 1億円超	1/2＝0.5億円 1/4＝0.25億円	30% 15%	22.5%	11.25%	
1億円以下 0.6億円超	1/2＝0.3億円 1/4＝0.15億円	20% 15%	17.5%	8.75%	⇐ 10%
0.6億円以下 0.4億円超	1/2＝0.2億円 1/4＝0.1億円	15% 15%	15%	7.5%	
0.4億円以下 0.2億円超	1/2＝0.1億円 1/4＝0.05億円	15% 10%	12.5%	6.25%	
0.2億円以下	1/2＝0.1億円 1/4＝0.05億円	10% 10%	10%	5%	

（※）1　限界税率の説明は、43ページ参照

（※）2　贈与税の税率は6ページ参照

【ケース４　ケース３で暦年贈与を42万円増額した場合】

①　子２人には、３年間、352万円ずつの暦年贈与を行う。４年目から相続時精算課税で新たに設けられた110万円ずつの贈与を行う。

②　配偶者には、４年間110万円ずつ暦年贈与を行う。

③　子の配偶者及び孫４人には毎年10年間、352万円ずつ暦年贈与を行う。

（単位は万円　暦＝暦年贈与、精＝相続時精算課税）

	1年目	2年目	3年目	4年目	5年目	6年目	7年目	8年目	9年目	10年目
配偶者	暦110	暦110	暦110	暦110						
子２人	暦352	暦352	暦352	精110	精110	精110	精110	精110	精110	精110
孫ら6人	暦352	暦352	暦352	暦352	暦352	暦352	暦352	暦352	暦352	暦352

贈与税は、352万円−110万円＝242万円、242万円×15%−10万円＝26.3万円

配偶者：110万円以下なので非課税

子２人：26.3万円×２人×３年＝157.8万円。相続時精算課税は110万円以下なので非課税

孫ら６人：26.3万円×６人×10年＝1,578万円

一方、相続税については、財産が２億5,212万円減少するので、相続時点では、２億4,788万円の遺産額となります。ただし、配偶者への４年目の贈与110万円は７年以内の贈与であり、今回の改正で設けられた100万円を控除した10万円が相続税の課税価格に加算されます。相続税額を計算すると限界税率はほぼ12.5%に入るところであり、子２人の合計相続税額は1,950万円となります（ケース４）。贈与税も含めて比較す

ると、何も対策をしない場合のケース1に比べ2,869万円有利になります。ケース3が2,800万円少ない金額でしたので、ほとんどかわりませんが、若干でも有利となります。

（単位：円）

相続税の試算

相続税の試算			配偶者	子2人	子の配偶者、孫ら6人合計
スタート時点の財産	A	500,000,000			
1人分の贈与額			110万円×4	352万円×3+110万円×7	352万円×10
贈与財産	B	252,120,000	4,400,000	36,520,000	211,200,000
上記のうち生前加算	C	100,000	100,000		
相続税課税対象財産	D（=A−B+C）	247,980,000	123,990,000	123,990,000	
基礎控除額	E	△ 48,000,000			
課税対象額	F（=D−E）	199,980,000			
算出相続税額	G	38,995,000	19,497,500	19,497,500	
配偶者の軽減額	H	− 19,497,500	△ 19,497,500		
納付税額	I	19,497,500	0	19,497,500	限界税率、(0.3+0.2)／4 = 12.5%
贈与税の合計額	J	17,358,000		1,578,000	15,780,000
納付税額合計（I+J）	K	36,855,500	0	21,075,500	15,780,000

↓
ケース1に比べ、2,869万円少ない

【POINT】
・ 配偶者へは、暦年課税の110万円以下の贈与とすること。
・ 子へは、相続税の限界税率以下の贈与税の限界税率での暦年課税で対応するが、相続想定より7年前からは相続時精算課税で新たに設けられた110万円以下の贈与が望ましい。
・ 孫や子の配偶者へは、相続税の限界税率以下の贈与税の限界税率での暦年課税で対応する。

③　対策期間が短い場合

【ケース 5　財産が 5 億円、相続まで 5 年と想定】

　ケース 4 より想定年数が短いので、暦年贈与の金額を増やすことになります。

　（x × 2 人 × 1 年 ＋ 110 万円 × 2 人 × 4 年）＋（110 万円 × 2 年）＋（y × 6 人 × 5 年）の財産が減少することになり、x と y を同額とすると、減少財産額は 32 x ＋ 1,100 万円となります。

　ケース 1 の限界税率は 21.25％ですが、x ＝ y ＝ 310 万円と仮置きして、32 x ＋ 1,100 万円の方程式に当てはめると、1 億 1,020 万円の財産が減少します。この場合、相続税の課税対象が、ケース 1 の 4 億 5,200 万円から 3 億 4,180 万円まで減少し、相続税の限界税率は 17.5％に低下します。したがって、贈与税の限界税率 15％まで最大限活用することが効果的になります。

---

①　子 2 人には、1 年間（令和 5 年のみ）だけ、510 万円ずつの暦年贈与を行う。2 年目から相続時精算課税で新たに設けられた 110 万円ずつの贈与を行う。

②　配偶者には、令和 5 年、6 年と、110 万円ずつ暦年贈与を行う。

③　孫 4 人には毎年 5 年間、510 万円ずつ暦年贈与を行う。

④　子の配偶者 2 人には毎年 5 年間、410 万円ずつ暦年贈与を行う。

（単位は万円　暦＝暦年贈与、精＝相続時精算課税）

	1 年目 （令 5 ）	2 年目 （令 6 ）	3 年目 （令 7 ）	4 年目 （令 8 ）	5 年目 （令 9 ）
配偶者	暦 110	暦 110			
子 2 人	暦 510	精 110	精 110	精 110	精 110
孫 4 人	暦 510	暦 510	暦 510	暦 510	暦 510
子の配偶者 2 人	暦 410	暦 410	暦 410	暦 410	暦 410

〈贈与税額（35ページ参照）〉

配偶者：110万円以下なので非課税

子2人：50万円×2人×1年＝100万円。精算課税は110万円以下なので非課税

孫4人：50万円×4人×5年＝1,000万円

子の配偶者2人：35万円×2人×5年＝350万円

　一方、相続税については、ケース3に比べると対策の年数が短いので、効果はケース3よりは少なくなります。これ以上の対策を生前贈与で実行すると、相続税の限界税率17.5％の負担を下げるために贈与税の限界税率20％を適用することになるので、生前贈与での対策は有利ではないことになります。

（単位：円）

相続税の試算

			配偶者	子2人	子の配偶者、孫ら6人合計
スタート時点の財産	A	500,000,000			
1人分の贈与額			110万円×2	510万円×1＋110万円×4	510万円×5＋410万円×5
贈与財産	B	164,200,000	2,200,000	19,000,000	143,000,000
上記のうち生前加算	C	100,000	100,000		
相続税課税対象財産	D（＝A－B＋C）	335,900,000	167,950,000	167,950,000	
基礎控除額	E	△ 48,000,000			
課税対象額	F（＝D－E）	287,900,000			
算出相続税額	G	69,765,000	34,882,500	34,882,500	
配偶者の軽減額	H	－ 34,882,500	△34,882,500		
納付税額	I	34,882,500	0	34,882,500	限界税率、(0.3＋0.4)／4＝17.5％
贈与税の合計額	J	14,500,000		1,000,000	13,500,000
納付税額合計（I＋J）	K	49,382,500	0	35,882,500	13,500,000

↓
ケース1に比べ、1,617万円少ない

④　対策期間が長い場合

【ケース 6　財産が 5 億円、相続まで20年と想定】

　ケース 4 より想定年数が長いので、暦年贈与の金額を減らすことができます。

　（x × 2 人×13年＋110万円× 2 人× 7 年）＋（110万円×14年）＋（y ×6 人×20年）の財産が減少することになり、x と y を同額とすると、減少財産額は146 x ＋3,080万円となります。

　ケース 1 の限界税率は21.25％ですが、x ＝ y ＝110万円と仮置きして、146 x ＋3,080万円の方程式に当てはめると、 1 億9,140万円の財産が減少します。すると相続税の課税対象が、ケース 1 の 4 億5,200万円から 2 億6,060万円まで減少し、相続税の限界税率は17.5％に低下します。対策の年数が長いので、贈与税の限界税率10％の活用が効果的になりますが、相続税の限界税率が10％を切ることになる相続税の課税対象を 1 億円とすることを目指すことになります。

　2 億6,060万円－10,000万円＝ 1 億6,060万円

　1 億6,060万円÷146＝110万円となるので、x ＝ y ＝220万円となります。

---

①　子 2 人には、13年間、220万円ずつの暦年課税で贈与を行う。14年目から相続時精算課税で新たに設けられた110万円ずつの贈与を行う。

②　配偶者には、14年間110万円ずつ暦年課税で贈与を行う。

③　子の配偶者及び孫 4 人には毎年20年間、220万円ずつ暦年課税で贈与を行う。

（単位は万円　㊕=暦年贈与、精=相続時精算課税）

	1年目	2年目	3～13年目	14年目	15年目	16年目	17年目	18年目	19年目	20年目
配偶者	㊕110	㊕110	㊕110	㊕110						
子2人	㊕220	㊕220	㊕220	精110	精110	精110	精110	精110	精110	精110
孫ら6人	㊕220	㊕220	㊕220	㊕220	㊕220	㊕220	㊕220	㊕220	㊕220	㊕220

贈与税は、220万円−110万円＝110万円、110万円×10％＝11万円

　配偶者：110万円以下なので非課税

　子2人：11万円×2人×13年＝286万円。相続時精算課税は110万円
　　　　　以下なので非課税

　孫ら6人：11万円×6人×20年＝1,320万円

　一方、相続税については、ケース3に比べると対策の年数が長いので、効果はケース3よりは大きくなります。

【POINT】　―限界税率とは―

　相続税、贈与税は、課税価格が増えれば増えるほど、適用される税率が高くなる累進構造を採用しています（5ページに相続税の速算表、6ページに贈与税の速算表を掲げている。）。ある課税価格から、財産が増加したときに、その増加分に適用される税率のことをいいます。

　例えば、一般税率適用者が、1,000万円の贈与を行うとします。110万円の基礎控除があり、基礎控除後の課税価格は890万円となります。したがって、ここから贈与財産が増大すると、適用される税率は40％となるので、この40％が限界税率となります。ちなみに、このときの贈与税は、890万円×0.4−125万円＝231万円となります。贈与金額1,000万円に対する税率は23.1％ですが、これは平均税率といいます。

（単位：円）

相続税の試算

			配偶者	子2人	子の配偶者、孫ら6人合計
スタート時点の財産	A	500,000,000			
1人分の贈与額			110万円×14	220万円×13 +110万円×7	220万円×20
贈与財産	B	352,000,000	15,400,000	72,600,000	264,000,000
上記のうち生前加算	C	100,000	100,000		
相続税課税対象財産	D（=A－B+C）	148,100,000	74,050,000	74,050,000	
基礎控除額	E	△ 48,000,000			
課税対象額	F（=D－E）	100,100,000			
算出相続税額	G	14,522,500	7,261,250	7,261,250	100円未満の調整なし
配偶者の軽減額	H	－7,261,250	△ 7,261,250		
納付税額	I	7,261,250	0	7,261,250	限界税率、(0.3+0.15)／4 =11.25%
贈与税の合計額	J	16,060,000		2,860,000	13,200,000
納付税額合計（I＋J）	K	23,321,250	0	10,121,250	13,200,000

↓

ケース1に比べ、4,223万円少ない

【遺産が5億円の方へのアドバイス】

1 まずは、相続税の試算をしてみることが必要です。

2 相続税の限界税率を把握し、それ以下での贈与税の限界税率での贈与を繰り返し行うことが効果的です。

3 法定相続人が、配偶者、子2人のケースで、子の配偶者、孫への贈与も含めて、生前贈与を実行する場合には、次の贈与が効率的なことが多いと思われます。

① 子には、暦年課税で贈与を行っていくが、相続が見込まれる年の7年前からは相続時精算課税で新たに設けられた110万円ずつの贈与を行う。

② 配偶者には、暦年贈与の基礎控除以下の110万円ずつの贈与を行う。

③ 子の配偶者 2 人及び孫 4 人には毎年、暦年課税で贈与を行う。

4 相続までの期間を 5 年、10年、20年と想定してシミュレーションを
していると以下のような結果となります。

（万円）

	対策なし①	相続までの期間					
		5 年	① との差	10年	① との差	20年	① との差
相続税	6,555	3,488	△3,067	1,950	△4,605	726	△5,829
贈与税		1,450	1,450	1,736	1,736	1,606	1,606
合計	6,555	4,938	△1,617	3,686	△2,869	2,332	△4,223

　当然の帰結ではありますが、相続までの期間が長くなればなるほど、
納税額の減少効果は大きく出ることになります。したがって、早めの対
策の着手が効果的ということになります。

2 財産が3億円のケース

① 何も対策をしない場合

【ケース7】 法定相続人が、配偶者、子2人のケース

下記のように、相続税が2,860万円となり、限界税率が17.5％となります。

相続税の試算　　　　　　　　　　　　　　　　　　　　　　　　　（単位：円）

			配偶者	子2人	
課税財産額	A	300,000,000	150,000,000	150,000,000	
基礎控除額	B	△ 48,000,000			
課税対象額	C（＝A－B）	252,000,000			
算出相続税額	D	57,200,000	28,600,000	28,600,000	
配偶者の軽減額	E	△ 28,600,000	△ 28,600,000		
納付税額	F（＝D－E）	28,600,000	0	28,600,000	限界税率、(0.4+0.3)／4 ＝17.5%

② 相続まで10年と想定した場合

【ケース8　財産が3億円、相続まで10年と想定】

ケース7の相続税の限界税率は17.5％であり、これを下回る贈与税の限界税率は15％です。したがって、その限界税率での贈与を実行すればよいということになります。

---

① 子2人には、3年間、510万円ずつの暦年贈与を行う。4年目から相続時精算課税で新たに設けられた110万円ずつの贈与を行う。

② 配偶者には、4年間110万円ずつの暦年贈与を行う。

③ 子の配偶者2人には毎年10年間、410万円ずつ暦年贈与を行う。

④ 孫4人には毎年10年間、510万円ずつ暦年贈与を行う。

しかし、これをすべて実行すると、贈与金額が3億3,640万円となり、遺産額を超えてしまいます。

したがって、34ページで見た方程式で考えてみます。

---

① 子2人には、3年間、x万円ずつの暦年贈与を行う。4年目から相続時精算課税で新たに設けられた110万円ずつの贈与を行う。

② 配偶者には、4年間110万円ずつの贈与を行う。

③ 子の配偶者2人には毎年10年間、y万円ずつの贈与を行う。

④ 孫4人には毎年10年間、x万円ずつの贈与を行う。

上記の贈与を行うと、（x×2人×3年＋110万円×2人×7年）＋（110万円×4年）＋（y×2人×10年）＋（x×4人×10年）＝46x＋20y＋1,980万円の財産が減少することになります。xとyを同額とすると、減少財産額は66x＋1,980万円となります。

ケース7の相続税の限界税率は17.5％ですが、x＝y＝110万円と仮置きして、上記方程式に当てはめると、9,240万円の財産が減少します。すると相続税の課税対象が、ケース7の2億5,200万円から1億5,960万円まで減少し、相続税の限界税率は12.5％に低下します。相続税の限界税率が10％を切ることになる相続税の課税対象を1億円とすることを目指すことになります。

　1億5,960万円－1億円＝5,960万円

　5,960万円÷66≒90万円となるので、x＝y＝200万円となります。

（単位は万円　暦＝暦年贈与、精＝相続時精算課税）

	1年目	2年目	3年目	4年目	5年目	6年目	7年目	8年目	9年目	10年目
配偶者	暦110	暦110	暦110	暦110						
子2人	暦200	暦200	暦200	精110	精110	精110	精110	精110	精110	精110
子の配偶者2人	暦200	暦200	暦200	暦200	暦200	暦200	暦200	暦200	暦200	暦200
孫4人	暦200	暦200	暦200	暦200	暦200	暦200	暦200	暦200	暦200	暦200

贈与税は、200万円－110万円＝90万円、90万円×10％＝9万円

　　配偶者：110万円以下なので非課税

　　子2人：9万円×2人×3年＝54万円。相続時精算課税は110万円
以下なので非課税

　　子の配偶者2人：9万円×2人×10年＝180万円

　　孫4人：9万円×4人×10年＝360万円

　一方、相続税については、財産が1億5,180万円減少するので、相続
時点では1億4,820万円の遺産額となります。ただし、配偶者への4年
目の贈与110万円は7年以内の贈与のため、今回の改正で設けられた100
万円を控除した10万円が相続税の課税価格に加算されます。相続税額を
計算すると、子2人の合計税額は728万円となります。贈与税も含めて
比較すると、何も対策していない場合のケース7に比べ1,538万円有利
となります。

（単位：円）

相続税の試算

			配偶者	子2人	子の配偶者、孫ら6人合計
スタート時点の財産	A	300,000,000			
1人分の贈与額			110万円×4	200万円×3＋110万円×7	200万円×10
贈与財産	B	151,800,000	4,400,000	27,400,000	120,000,000
上記のうち生前加算	C	100,000	100,000		
相続税課税対象財産	D（＝A－B＋C）	148,300,000	74,150,000	74,150,000	
基礎控除額	E	△ 48,000,000			
課税対象額	F（＝D－E）	100,300,000			
算出相続税額	G	14,567,500	7,283,750	7,283,750	100円未満の調整なし
配偶者の軽減額	H	－ 7,283,750	△ 7,283,750		
納付税額	I	7,283,750	0	7,283,750	限界税率、(0.15＋0.3)／ 4 ＝11.25%
贈与税の合計額	J	5,940,000		540,000	5,400,000
納付税額合計（I＋J）	K	13,223,750	0	7,823,750	5,400,000

↓

ケース7に比べ、1,538万円少ない

③ 対策期間が短い場合

【ケース9　財産が3億円、相続まで5年と想定】

　ケース7の相続税の限界税率は17.5％であり、これを下回る贈与税の限界税率は15％です。したがって、その限界税率での贈与を実行すればよいということになります。

---

　① 子2人には、1年間、510万円ずつの暦年贈与を行う。2年目
　　 から相続時精算課税で新たに設けられた110万円ずつの贈与を行う。
　② 配偶者には、2年間110万円ずつ暦年贈与を行う。
　③ 子の配偶者2人には毎年5年間、410万円ずつ暦年贈与を行う。
　④ 孫4人には毎年5年間、510万円ずつ暦年贈与を行う。

　しかし、これをすべて実行すると、贈与金額が1億6,420万円となり、相続税の課税対象が、8,780万円まで減少し、相続税の限界税率は8.75％まで低下しますので、贈与税の限界税率での贈与は効果的ではないことになります。

　相続というのはいつ発生するかは本来予測できるものではないので、順次贈与金額を切り下げて相続税の限界税率と贈与税の限界税率を調整していく方法が良いと思われます。

　したがって、まず令和5年分においては、上記①から④の金額により限界税率15％の贈与を行うこととします。これで1年間に3,990万円（510万円×6人＋410万円×2人＋110万円×1人）の財産が減少します。相続税の課税対象額が2億1,210万円になり、相続税の限界税率は17.5％のままです。

　2年目の贈与を実行すると、3,590万円の財産が減少します。相続税の課税対象額が1億7,620万円になり、相続税の限界税率は12.5％に下がります。したがって、2年目の贈与から限界税率10％の贈与を行うこと

になります。x＝y＝310万円となります。

3年目から5年目までもこれを繰り返すことになります。

以上をまとめると以下のとおりとなります。

（単位は万円　暦＝暦年贈与、精＝相続時精算課税）

	1年目 （令5）	2年目 （令6）	3年目 （令7）	4年目 （令8）	5年目 （令9）
配偶者	暦 110	暦 110			
子2人	暦 510	精 110	精 110	精 110	精 110
孫4人	暦 510	暦 310	暦 310	暦 310	暦 310
子の配偶者2人	暦 410	暦 310	暦 310	暦 310	暦 310
合計	3,990	2,190	2,080	2,080	2,080

〈贈与税額（35ページ参照）〉

配偶者：110万円以下なので非課税

子2人：50万円×2人×1年＝100万円。相続時精算課税は110万円以下なので非課税

孫4人：50万円×4人×1年＋20万円×4人×4年＝520万円

子の配偶者2人：35万円×2人×1年＋20万円×2人×4年＝230万円

一方、相続税については、財産が1億2,420万円減少するので、相続時点では1億7,580万円の遺産額となります。ただし、配偶者への2年目の贈与110万円は7年以内の贈与のため、今回の改正で設けられた100万円を控除した10万円が相続税の課税価格に加算されます。相続税額を計算すると、子2人の合計税額は1,049万円となります。贈与税も含めて比較すると、何も対策していない場合のケース7に比べ961万円有利となります。

（単位：円）

相続税の試算

			配偶者	子2人	子の配偶者、孫ら6人合計
スタート時点の財産	A	300,000,000			
1人分の贈与額			110万円×2	510万円×1+110万円×4	510万円×1+310万円×4+410万円×1+310万円×4
贈与財産	B	124,200,000	2,200,000	19,000,000	103,000,000
上記のうち生前加算	C	100,000	100,000		
相続税課税対象財産	D（=A−B+C）	175,900,000	87,950,000	87,950,000	
基礎控除額	E	△ 48,000,000			
課税対象額	F（=D−E）	127,900,000			
算出相続税額	G	20,975,000	10,487,500	10,487,500	100円未満の調整なし
配偶者の軽減額	H	− 10,487,500	△ 10,487,500		
納付税額	I	10,487,500	0	10,487,500	限界税率、（0.15+0.3）／4＝11.25％
贈与税の合計額	J	8,500,000		1,000,000	7,500,000
納付税額合計（I＋J）	K	18,987,500	0		7,500,000

↓
ケース7に比べ、961万円少ない

④ 対策期間が長い場合

【ケース10 財産が3億円、相続まで20年と想定】

ケース8で検討した方程式で考えます。

---

① 子2人には、13年間、x万円ずつの暦年贈与を行う。14年目から相続時精算課税で新たに設けられた110万円ずつの贈与を行う。

② 配偶者には、14年間110万円ずつの暦年贈与を行う。

③ 子の配偶者2人には毎年20年間、y万円ずつの暦年贈与を行う。

④ 孫4人には毎年20年間、x万円ずつの暦年贈与を行う。

上記の贈与を行うと、（x×2人×13年＋110万円×2人×7年）＋（110万円×14年）＋（y×2人×20年）＋（x×4人×20年）＝106x＋40y＋4,620万円の財産が減少することになります。xとyを同額とすると、減少財産額は146x＋3,080万円となります。

ケース7の限界税率は17.5％ですが、x＝y＝110万円と仮置きして、上記方程式に当てはめると、1億9,140万円の財産が減少します。すると相続税の課税対象が、ケース7の2億5,200万円から6,060万円まで減少し、相続税の限界税率は8.75％に低下します。

以上をまとめると以下のとおりとなります。

（単位は万円 (暦)＝暦年贈与、(精)＝相続時精算課税）

	1年目	2年目	3～13年目	14年目	15年目	16年目	17年目	18年目	19年目	20年目
配偶者	(暦)110	(暦)110	(暦)110	(暦)110						
子2人	(暦)110	(暦)110	(暦)110	(精)110	(精)110	(精)110	(精)110	(精)110	(精)110	(精)110
孫ら6人	(暦)110	(暦)110	(暦)110	(暦)110	(暦)110	(暦)110	(暦)110	(暦)110	(暦)110	(暦)110

すべて110万円以下のため、贈与税は非課税となります。一方相続税

については、財産が1億9,140万円減少するので、相続時点では1億870万円の遺産額となります。相続税額を計算すると、子2人の合計税額は381万円となります。贈与税も含めて比較すると、何も対策していない場合のケース7に比べ2,479万円有利となります。

（単位：円）

相続税の試算			配偶者	子2人	子の配偶者、孫ら6人合計
スタート時点の財産	A	300,000,000			
1人分の贈与額			110万円×14	110万円×20	110万円×20
贈与財産	B	191,400,000	15,400,000	44,000,000	132,000,000
上記のうち生前加算	C	100,000	100,000		
相続税課税対象財産	D（＝A－B＋C）	108,700,000	54,350,000	54,350,000	
基礎控除額	E	△ 48,000,000			
課税対象額	F（＝D－E）	60,700,000			
算出相続税額	G	7,622,500	3,811,250	3,811,250	100円未満の調整なし
配偶者の軽減額	H	− 3,811,250	△ 3,811,250		
納付税額	I	3,811,250	0	3,811,250	限界税率、(0.2+0.15)／4＝8.75%
贈与税の合計額	J	0	0	0	0
納付税額合計（I＋J）	K	3,811,250	0	3,811,250	0

ケース7に比べ、2,479万円少ない

【遺産が3億円の方へのアドバイス】

1 まずは、相続税の試算をしてみることが必要です。

2 相続税の限界税率を把握し、それ以下での贈与税の限界税率での贈与を繰り返し行うことが効果的です。相続までの想定年数が長い場合には、相続税の限界税率は10％以下になることが想定されるので、贈与は、基礎控除以下が効率的です。

3 法定相続人が、配偶者、子2人のケースで、子の配偶者、孫への贈与も含めて、生前贈与を実行する場合には、次の贈与が効率的なことが多いと思われます。

① 子には、暦年贈与を行っていくが、相続が見込まれる年の7年前からは相続時精算課税で新たに設けられた110万円ずつの贈与を行う。

② 配偶者には、暦年贈与の基礎控除以下の110万円ずつの贈与を行う。

③ 子の配偶者2人及び孫4人には毎年、暦年課税の贈与を行う。場合によっては、取りやめの対象となる。

4 相続までの期間を5年、10年、20年と想定してシミュレーションをしていると以下のような結果となります。

(万円)

	対策なし ①	相続までの期間					
		5年	① との差	10年	① との差	20年	① との差
相続税	2,860	1,049	△1,811	728	△2,132	381	△2,479
贈与税		850	850	594	594	0	0
合計	2,860	1,899	△961	1,322	△1,538	381	△2,479

　当然の帰結ではありますが、相続までの期間が長くなればなるほど、納税額の減少効果は大きく出ることになります。したがって、早めの対策の着手が効果的ということになります。

3 財産が2億円のケース

① 何も対策をしない場合

【ケース11】 法定相続人が、配偶者、子2人のケース

下記のように、相続税が1,350万円となり、限界税率が12.5％となります。

相続税の試算

(単位：円)

			配偶者	子2人	
課税財産額	A	200,000,000	150,000,000	150,000,000	
基礎控除額	B	△ 48,000,000			
課税対象額	C（＝A－B）	152,000,000			
算出相続税額	D	27,000,000	13,500,000	13,500,000	
配偶者の軽減額	E	△ 13,500,000	△ 13,500,000		
納付税額	F（＝D－E）	13,500,000	0	13,500,000	限界税率、(0.2+0.3)／4 =12.5％

② 相続まで10年と想定した場合

【ケース12 財産が2億円、相続まで10年と想定】

ケース11の相続税の限界税率は12.5％であり、これを下回る贈与税の限界税率は10％です。したがって、その限界税率での贈与を実行すればよいということになります。

① 子2人には、3年間、310万円ずつの暦年贈与を行う。4年目から相続時精算課税で新たに設けられた110万円ずつの贈与を行う。
② 配偶者には、4年間110万円ずつ暦年贈与を行う。
③ 子の配偶者2人には毎年10年間、310万円ずつ暦年贈与を行う。
④ 孫4人には毎年10年間、310万円ずつ暦年贈与を行う。

しかし、これをすべて実行すると、贈与金額が2億2,440万円となり、遺産額を超えてしまいます。

したがって、以下の方程式で考えてみます。

---

① 子2人には、3年間、x万円ずつの暦年贈与を行う。4年目か
　ら相続時精算課税で新たに設けられた110万円ずつの贈与を行う。
② 配偶者には、4年間110万円ずつの暦年贈与を行う。
③ 子の配偶者2人には毎年10年間、y万円ずつの暦年贈与を行う。
④ 孫4人には毎年10年間、x万円ずつの暦年贈与を行う。

　上記の贈与を行うと、(x × 2人 × 3年 + 110万円 × 2人 × 7年) +
(110万円 × 4年) + (y × 2人 × 10年) + (x × 4人 × 10年) = 46x +
20y + 1,980万円の財産が減少することになります。xとyを同額とする
と、減少財産額は66x + 1,980万円となります。

　ケース11の限界税率は12.5%ですが、x = y = 110万円と仮置きして、
上記方程式に当てはめると、9,240万円の財産が減少します。すると相
続税の課税対象が、ケース11の1億5,200万円から5,960万円まで減少し、
相続税の限界税率は11.25%に低下します。

　以上をまとめると以下のとおりとなります。

（単位は万円　暦＝暦年贈与、精＝相続時精算課税）

	1年目	2年目	3年目	4年目	5年目	6年目	7年目	8年目	9年目	10年目
配偶者	暦110	暦110	暦110	暦110						
子2人	暦110	暦110	暦110	精110	精110	精110	精110	精110	精110	精110
子の配偶者2人	暦110	暦110	暦110	暦110	暦110	暦110	暦110	暦110	暦110	暦110
孫4人	暦110	暦110	暦110	暦110	暦110	暦110	暦110	暦110	暦110	暦110

　すべて110万円以下のため、贈与税は非課税となります。一方相続税
については、財産が9,240万円減少するので、相続時点では1億770万円
の遺産額となります。相続税額を計算すると、子2人の合計税額は372

万円となります。贈与税も含めて比較すると、何も対策していない場合のケース11に比べ977万円有利となります。

（単位：円）

相続税の試算

			配偶者	子2人	子の配偶者、孫ら6人合計
スタート時点の財産	A	200,000,000			
1人分の贈与額			110万円×4	110万円×10	110万円×10
贈与財産	B	92,400,000	4,400,000	22,000,000	66,000,000
上記のうち生前加算	C	100,000	100,000		
相続税課税対象財産	D（＝A－B＋C）	107,700,000	53,850,000	53,850,000	
基礎控除額	E	△ 48,000,000			
課税対象額	F（＝D－E）	59,700,000			
算出相続税額	G	7,455,000	3,727,500	3,727,500	
配偶者の軽減額	H	－ 3,727,500	△ 3,727,500		
納付税額	I	3,727,500	0	3,727,500	限界税率、（0.15＋0.3）／ 4 ＝11.25%
贈与税の合計額	J	0		0	0
納付税額合計（I＋J）	K	3,727,500	0	3,727,500	0

↓
ケース11に比べ、977万円少ない

③ 対策期間が短い場合

【ケース13　財産が２億円、相続まで５年と想定】

　ケース11の相続税の限界税率は12.5％であり、これを下回る贈与税の限界税率は10％です。したがって、その限界税率での贈与を実行すればよいということになります。

---

①　子２人には、１年間、310万円ずつの暦年贈与を行う。２年目から相続時精算課税で新たに設けられた110万円ずつの贈与を行う。
②　配偶者には、２年間110万円ずつの暦年贈与を行う。
③　子の配偶者２人には毎年５年間、310万円ずつの暦年贈与を行う。
④　孫４人には毎年５年間、310万円ずつの暦年贈与を行う。

　しかし、これをすべて実行すると、贈与金額が１億1,020万円となり、相続税の課税対象が、4,180万円まで減少し、相続税の限界税率は7.5％まで低下するので、贈与税の限界税率10％での贈与は効果的ではないことになります。

　相続というのはいつ発生するかは本来予測できるものではないので、順次贈与金額を切り下げて相続税の限界税率と贈与税の限界税率を調整していく方法が良いと思われます。

　したがって、まず令和５年分においては、上記の①から④の金額により限界税率10％の贈与を行うこととします。これで１年間に2,590万円（310万円×６人（子・孫）＋310万円×２人（子の配偶者＋110万円×１人）の財産が減少します。相続税の課税対象額が１億2,610万円になり、相続税の限界税率は12.5％のままです。

　２年目を実行すると、2,190万円の財産が減少します。相続税の課税対象額が１億420万円になり、相続税の限界税率は11.25％に下がります。

　３年目を実行すると、2,080万円の財産が減少します。相続税の課税

対象額が8,340万円になり、相続税の限界税率は8.75％に下がります。したがって、3年目の贈与から限界税率0％の贈与を行うことになります。x＝y＝110万円となります。

4年目、5年目もこれを繰り返すことになります。

以上をまとめると以下のとおりとなります。

（単位は万円　暦＝暦年贈与、精＝相続時精算課税）

	1年目（令5）	2年目（令6）	3年目（令7）	4年目（令8）	5年目（令9）
配偶者	暦110	暦110			
子2人	暦310	精110	精110	精110	精110
孫4人	暦310	暦310	暦110	暦110	暦110
子の配偶者2人	暦310	暦310	暦110	暦110	暦110
合計	2,590	2,190	770	770	770

〈贈与税額（35ページ参照）〉

配偶者：110万円以下なので非課税

子2人：20万円×2人×1年＝40万円。相続時精算課税は110万円以下なので非課税

孫4人：20万円×4人×2年＝160万円

子の配偶者2人：20万円×2人×2年＝80万円

一方、相続税については、財産が7,420円減少するので、相続時点では1億2,580万円の遺産額となります。ただし、配偶者への2年目の贈与110万円は7年以内の贈与のため、今回の改正で設けられた100万円を控除した10万円が相続税の課税価格に加算されます。相続税額を計算すると、子2人の合計税額は5,316万円となります。贈与税も含めて比較すると、何も対策していない場合のケース11に比べ538万円有利となり

60

ます。

相続税の試算

			配偶者	子2人	子の配偶者、孫ら6人合計
スタート時点の財産	A	200,000,000			
1人分の贈与額			110万円×2	310万円×1+110万円×4	310万円×2+110万円×3
贈与財産	B	74,200,000	2,200,000	15,000,000	57,000,000
上記のうち生前加算	C	100,000	100,000		
相続税課税対象財産	D（=A-B+C）	125,900,000	62,950,000	62,950,000	
基礎控除額	E	△ 48,000,000			
課税対象額	F（=D-E）	77,900,000			
算出相続税額	G	10,632,500	5,316,250	5,316,250	100円未満の調整なし
配偶者の軽減額	H	-5,316,250	△ 5,316,250		
納付税額	I	5,316,250	0	5,316,250	限界税率、(0.15+0.3)／4＝11.25%
贈与税の合計額	J	2,800,000		400,000	2,400,000
納付税額合計（I+J）	K	8,116,250	0		2,400,000

↓

ケース11に比べ、538万円少ない

④ 対策期間が長い場合

【ケース14 財産が2億円、相続まで20年と想定】

ケース12で検討した方程式で考えます。

---

① 子2人には、13年間、x万円ずつの暦年贈与を行う。14年目から相続時精算課税で新たに設けられた110万円ずつの贈与を行う。

② 配偶者には、14年間110万円ずつの暦年贈与を行う。

③ 子の配偶者2人には毎年20年間、y万円ずつの暦年贈与を行う。

④ 孫4人には毎年20年間、x万円ずつの暦年贈与を行う。

上記の贈与を行うと、（x×2人×13年＋110万円×2人×7年）＋（110万円×14年）＋（y×2人×20年）＋（x×4人×20年）＝106Ｘ＋40Ｙ＋4,620万円の財産が減少することになります。xとyを同額とすると、減少財産額は146x＋3,080万円となります。

ケース11の限界税率は12.5％ですが、x＝y＝110万円と仮置きして、上記方程式に当てはめると、1億9,140万円の財産が減少します。すると相続税の課税対象が、ケース11の1億5,200万円がマイナスまで減少し、相続税も非課税となります。したがって、110万円以下の非課税の贈与を繰り返していけば、贈与税、相続税とも非課税になります。

以上をまとめると以下のとおりとなります。

（単位は万円 暦＝暦年贈与、精＝相続時精算課税）

	1年目	2年目	3～13年目	14年目	15年目	16年目	17年目	18年目	19年目	20年目
配偶者	暦110	暦110	暦110	暦110						
子2人	暦110	暦110	暦110	精110	精110	精110	精110	精110	精110	精110
孫ら6人	暦110	暦110	暦110	暦110	暦110	暦110	暦110	暦110	暦110	暦110

(単位：円)

相続税の試算			配偶者	子2人	子の配偶者、孫ら6人合計
スタート時点の財産	A	200,000,000			
1人分の贈与額			110万円×14	110万円×20	110万円×20＋110万円×20
贈与財産	B	191,400,000	15,400,000	44,000,000	132,000,000
上記のうち生前加算	C	100,000	100,000		
相続税課税対象財産	D（＝A－B＋C）	8,700,000	4,350,000	4,350,000	
基礎控除額	E	△48,000,000			
課税対象額	F（＝D－E）	0			
算出相続税額	G	0	0	0	
配偶者の軽減額	H	0	0		
納付税額	I	0	0	0	限界税率、(0.2＋0.15)／4＝8.75％
贈与税の合計額	J	0		0	0
納付税額合計（I＋J）	K	0	0	0	0

↓
ケース11に比べ、1,350万円少ない
（相続税非課税）

【遺産が2億円の方へのアドバイス】

1 まずは、相続税の試算をしてみることが必要です。

2 相続税の限界税率を把握し、それ以下での贈与税の限界税率での贈与を繰り返し行うことが効果的です。相続までの想定年数が長いと、相続税の限界税率は10％以下になることが想定されるので、贈与は、基礎控除以下が効率的です。

3 法定相続人が、配偶者、子2人のケースで、子の配偶者、孫への贈与も含めて、生前贈与を実行する場合には、次の贈与が効率的なことが多いと思われます。ただし、贈与者の生活に支障をきたさないような贈与とすべきで、相続税の基礎控除を下回った時点で贈与は取りやめを検討します。

① 子には、暦年贈与を行っていくが、相続が見込まれる年の7年

前からは相続時精算課税で新たに設けられた110万円ずつの贈与
を行う。

② 配偶者には、暦年贈与の基礎控除以下の110万円ずつの贈与を
行う。

③ 子の配偶者及び孫４人には毎年、暦年課税の贈与を行う。場合
によっては、取りやめの対象となる。

4 相続までの期間を５年、10年、20年と想定してシミュレーションを
していると以下のような結果となります。

（万円）

	対策なし ①	相続までの期間					
		５年	① との差	10年	① との差	20年	① との差
相続税	1,350	532	△818	373	△977	0	△1,350
贈与税		280	280	0	0	0	0
合計	1,350	812	△538	373	△977	0	△1,350

　当然の帰結ではありますが、相続までの期間が長くなればなるほど、
納税額の減少効果は大きく出ることになります。したがって、早めの対
策の着手が効果的ということになります。

4 財産が1億円のケース

① 何も対策をしない場合

【ケース15】 法定相続人が、配偶者、子2人のケース

下記のように、相続税が315万円となり、限界税率が7.5％となります。

そもそも、遺産が1億円のため配偶者が全部を取得すれば第一次相続の相続税は非課税になりますが、33ページで前提としたように法定相続分で分割協議を行った場合で検証します。

相続税の試算　　　　　　　　　　　　　　　　　　　（単位：円）

			配偶者	子2人	
課税財産額	A	100,000,000	50,000,000	50,000,000	
基礎控除額	B	△ 48,000,000			
課税対象額	C（＝A－B）	52,000,000			
算出相続税額	D	6,300,000	3,150,000	3,150,000	
配偶者の軽減額	E	△ 3,150,000	△ 3,150,000		
納付税額	F（＝D－E）	3,150,000	0	3,150,000	限界税率、(0.15+0.15)／4＝7.5％

② 相続まで10年と想定した場合

【ケース16 財産が1億円、相続まで10年と想定】

ケース16の相続税の限界税率は7.5％であり、これを下回る贈与税の限界税率は0％です。したがって、贈与税の基礎控除以下での贈与を実行すればよいということになります。

> ① 子2人には、3年間、110万円ずつの暦年贈与を行う。4年目から相続時精算課税で新たに設けられた110万円ずつの贈与を行う。
> ② 配偶者には、4年間110万円ずつの暦年贈与を行う。
> ③ 子の配偶者2人及び孫4人には毎年10年間、110万円ずつの暦年贈与を行う。

（単位は万円　㊀=暦年贈与、**精**=相続時精算課税）

	1年目	2年目	3年目	4年目	5年目	6年目	7年目	8年目	9年目	10年目
配偶者	㊀110	㊀110	㊀110	㊀110						
子2人	㊀110	㊀110	㊀110	精110	精110	精110	精110	精110	精110	精110
孫ら6人	㊀110	㊀110	㊀110	㊀110	㊀110	㊀110	㊀110	㊀110	㊀110	㊀110

　贈与税は、すべて基礎控除の110万円以下なので非課税となります。

　相続税についても、財産が基礎控除以下になるので、非課税となります。実際には、生活資金も必要になるため、すべて贈与しきることはせず、相続税の基礎控除4,800万円になったところで贈与の停止を検討します。

（単位：円）

相続税の試算

			配偶者	子2人	子の配偶者、孫ら6人合計
スタート時点の財産	A	100,000,000			
1人分の贈与額			110万円×4	110万円×3＋110万円×7	110万円×10
贈与財産	B	92,400,000	4,400,000	22,000,000	66,000,000
上記のうち生前加算	C	100,000	100,000		
相続税課税対象財産	D（＝A－B＋C）	7,700,000	3,850,000	3,850,000	
基礎控除額	E	△48,000,000			
課税対象額	F（＝D－E）	0			
算出相続税額	G	0	0	0	
配偶者の軽減額	H	0	0		
納付税額	I	0	0	0	
贈与税の合計額	J	0	0	0	0
納付税額合計（I＋J）	K	0	0	0	0

↓
ケース15に比べ、315万円少ない
（相続税非課税）

③ 対策期間が短い場合

【ケース17　財産が１億円、相続まで５年と想定】

　こちらもケース16と同様に贈与税の基礎控除以下での贈与を実行することになります。

---

① 　子２人には、１年間だけ、110万円ずつの暦年贈与を行う。２年目から相続時精算課税で新たに設けられた110万円ずつの贈与を行う。

② 　配偶者には、２年間（令和５、６年のみ）110万円ずつの暦年贈与を行う。

③ 　子の配偶者及び孫４人には毎年５年間、110万円ずつの暦年贈与を行う。

（単位は万円　暦＝暦年贈与、精＝相続時精算課税）

	１年目 （令５）	２年目 （令６）	３年目 （令７）	４年目 （令８）	５年目 （令９）
配偶者	暦 110	暦 110			
子２人	暦 110	精 110	精 110	精 110	精 110
孫ら６人	暦 110	暦 110	暦 110	暦 110	暦 110

　贈与税は、すべて基礎控除の110万円以下なので非課税となります。

　相続税についても、ほぼ財産が基礎控除の金額となるので、相続税は29万円まで減少することになります。

（単位：円）

相続税の試算

相続税の試算			配偶者	子2人	子の配偶者、孫ら6人合計
スタート時点の財産	A	100,000,000			
1人分の贈与額			110万円×2	110万円×1+ 110万円×4	110万円×5
贈与財産	B	46,200,000	2,200,000	11,000,000	33,000,000
上記のうち生前加算	C	100,000	100,000		
相続税課税対象財産	D（＝A－B＋C）	53,900,000	26,950,000	26,950,000	
基礎控除額	E	△48,000,000			
課税対象額	F（＝D－E）	5,900,000			
算出相続税額	G	590,000	295,000	295,000	
配偶者の軽減額	H	－295,000	△295,000		
納付税額	I	295,000	0	295,000	
贈与税の合計額	J	0		0	0
納付税額合計（I＋J）	K	295,000	0	295,000	0

↓
ケース15に比べ、286万円少ない

68

④　対策期間が長い場合

【ケース18　財産が1億円、相続まで20年と想定】

　ケース16より想定年数が長いので、暦年贈与の金額を減らすことになると思われます。

　贈与税は、すべて基礎控除の110万円以下の非課税の範囲で行い、相続税についても、財産が基礎控除以下になるようにします。

　例えば、配偶者と子2人だけ贈与を実行していくことが考えられます。

> ①　子2人には、13年間、110万円ずつの暦年贈与を行う。14年目から相続時精算課税で新たに設けられた110万円ずつの贈与を行う。
> ②　配偶者には、14年間110万円ずつの暦年贈与を行う。
> ③　子の配偶者2人及び孫4人には贈与をしない。

（単位は万円　暦＝暦年贈与、精＝相続時精算課税）

	1年目	2年目	3～13年目	14年目	15年目	16年目	17年目	18年目	19年目	20年目
配偶者	暦110	暦110	暦110	暦110						
子2人	暦110	暦110	暦110	精110	精110	精110	精110	精110	精110	精110
孫ら6人	0	0	0	0	0	0	0	0	0	0

　贈与税はすべて基礎控除の110万円以下なので非課税となります。

　相続税については、配偶者への14年目の贈与110万円は7年以内の贈与のため、今回の改正で設けられた100万円を控除した10万円が相続税の課税価格に加算されますが、財産が基礎控除以下になるので、非課税となります。

（単位：円）

相続税の試算

相続税の試算			配偶者	子2人	子の配偶者、孫ら6人合計
スタート時点の財産	A	100,000,000			
1人分の贈与額			110万円×14	110万円×13 +110万円×7	
贈与財産	B	59,400,000	15,400,000	44,000,000	0
上記のうち生前加算	C	100,000	100,000		
相続税課税対象財産	D（＝A－B＋C）	40,700,000	20,350,000	20,350,000	
基礎控除額	E	△ 48,000,000			
課税対象額	F（＝D－E）	0			
算出相続税額	G	0	0	0	
配偶者の軽減額	H	0	0		
納付税額	I	0	0	0	
贈与税の合計額	J	0		0	0
納付税額合計（I＋J）	K	0	0	0	0

↓

ケース15に比べ、315万円少ない
（相続税非課税）

【財産が1億円の方へのアドバイス】

1 まずは、相続税の試算をしてみることが必要です。

2 相続税の限界税率を把握し、それ以下での贈与税の限界税率での贈与を繰り返し行うことが効果的です。相続税の限界税率は10％以下になることが想定されるので、贈与は、基礎控除以下が効率的です。

3 法定相続人が、配偶者、子2人のケースで、子の配偶者、孫への贈与も含めて、生前贈与を実行する場合には、次の贈与が効率的なことが多いと思われます。ただし、贈与者の生活に支障をきたさないような贈与とすべきで、相続税の基礎控除を下回った時点で贈与は取りやめを検討してください。

① 子には、暦年贈与を行っていくが、相続が見込まれる年の7年前からは相続時精算課税で新たに設けられた110万円ずつの贈与

を行う。

②　配偶者には、暦年贈与の基礎控除以下の110万円ずつの贈与を
行う。

③　子の配偶者2人及び孫4人には毎年、暦年課税の贈与を行う。

場合によっては、取りやめの対象となる。

4　相続までの期間を5年、10年、20年と想定してシミュレーションを
していると以下のような結果となります。

（万円）

	対策なし ①	相続までの期間					
		5年	① との差	10年	① との差	20年	① との差
相続税	315	29	△286	0	△315	0	△315
贈与税		0	0	0	0	0	0
合計	315	29	△286	0	△315	0	△315

当然の帰結ではありますが、相続までの期間が長くなればなるほど、
納税額の減少効果は大きく出ることになります。したがって、早めの対
策の着手が効果的ということになります。

⑤ 財産が8,000万円のケース

① 何も対策をしない場合

【ケース19】 法定相続人が、配偶者、子2人のケース

下記のように、相続税が175万円となり、限界税率が6％となります。

そもそも、遺産が8,000万円のため配偶者が全部を取得すれば第一次相続の相続税は非課税になりますが、33ページで前提としたように法定相続分で分割協議を行った場合で検証します。

相続税の試算   (単位：円)

			配偶者	子2人	
課税財産額	A	80,000,000	40,000,000	40,000,000	
基礎控除額	B	△ 48,000,000			
課税対象額	C（＝A－B）	32,000,000			
算出相続税額	D	3,500,000	1,750,000	1,750,000	
配偶者の軽減額	E	△ 1,750,000	△ 1,750,000		
納付税額	F（＝D－E）	1,750,000	0	1,750,000	限界税率、(0.15+0.1)／4 ＝6.25％

② 相続まで10年と想定した場合

【ケース20 財産が8,000万円、相続まで10年と想定】

ケース19の相続税の限界税率は6％であり、これを下回る贈与税の限界税率は0％です。したがって、贈与税の基礎控除以下での贈与を実行すればよいということになります。

> ① 子2人には、3年間、110万円ずつの暦年贈与を行う。4年目から相続時精算課税で新たに設けられた110万円ずつの贈与を行う。
> ② 配偶者には、4年間110万円ずつの暦年贈与を行う。
> ③ 孫4人には毎年10年間、110万円ずつの暦年贈与を行う。

（単位は万円　㊙＝暦年贈与、■精＝相続時精算課税）

	1年目	2年目	3年目	4年目	5年目	6年目	7年目	8年目	9年目	10年目
配偶者	暦 110	暦 110	暦 110	暦 110						
子2人	暦 110	暦 110	暦 110	精 110	精 110	精 110	精 110	精 110	精 110	精 110
孫4人	暦 110	暦 110	暦 110	暦 110	暦 110	暦 110	暦 110	暦 110	暦 110	暦 110

　贈与税は、すべて基礎控除の110万円以下なので非課税となります。

　相続税については、配偶者の4年目の贈与110万円は、7年以内の贈与のため、今回の改正で設けられた100万円を控除した10万円が相続税の課税価格に加算になりますが、財産が基礎控除以下になるので、非課税となります。実際には、生活資金も必要になるので、すべて贈与せず、相続税の基礎控除4,800万円になったところで贈与の停止を検討します。

（単位：円）

相続税の試算

			配偶者	子2人	孫ら4人合計
スタート時点の財産	A	100,000,000			
1人分の贈与額			110万円×4	110万円×3＋ 110万円×7	110万円×10
贈与財産	B	70,400,000	4,400,000	22,000,000	44,000,000
上記のうち生前加算	C	100,000	100,000		
相続税課税対象財産	D（＝A－B ＋C）	29,700,000	14,850,000	14,850,000	
基礎控除額	E	△ 48,000,000			
課税対象額	F（＝D－E）	0			
算出相続税額	G	0	0	0	
配偶者の軽減額	H	0	0		
納付税額	I	0	0	0	
贈与税の合計額	J	0		0	0
納付税額合計（I＋J）	K	0	0	0	0

↓

ケース19に比べ、315万円少ない
（相続税非課税）

③　対策期間が短い場合

【ケース21　財産が8,000万円、相続まで5年と想定】

　こちらもケース20と同様に贈与税の基礎控除以下での贈与を実行することになります。

---

①　子2人には、1年間だけ、110万円ずつの暦年贈与を行う。2年目から相続時精算課税で新たに設けられた110万円ずつの贈与を行う。

②　配偶者には、2年間（令和5、6年のみ）110万円ずつの暦年贈与を行う。

③　子の配偶者2人及び孫4人には毎年5年間、110万円ずつの暦年贈与を行う。

（単位は万円　暦＝暦年贈与、精＝相続時精算課税）

	1年目 （令5）	2年目 （令6）	3年目 （令7）	4年目 （令8）	5年目 （令9）
配偶者	暦 110	暦 110			
子2人	暦 110	精 110	精 110	精 110	精 110
孫ら6人	暦 110	暦 110	暦 110	暦 110	暦 110

　贈与税は、すべて基礎控除の110万円以下なので非課税となります。

　相続税についても、財産が基礎控除以下になるので、非課税となる。実際には、生活資金も必要になるので、すべて贈与せず、相続税の基礎控除4,800万円になったところで贈与の停止を検討します。

(単位：円)

相続税の試算

			配偶者	子2人	子の配偶者、孫ら6人合計
スタート時点の財産	A	80,000,000			
1人分の贈与額			110万円×2	110万円×1+110万円×4	110万円×5
贈与財産	B	46,200,000	2,200,000	11,000,000	33,000,000
上記のうち生前加算	C	100,000	100,000		
相続税課税対象財産	D（＝A−B＋C)	33,900,000	16,950,000	16,950,000	
基礎控除額	E	△ 48,000,000			
課税対象額	F（＝D−E)	0			
算出相続税額	G	0	0	0	
配偶者の軽減額	H	0	0		
納付税額	I	0	0	0	
贈与税の合計額	J	0		0	0
納付税額合計（I＋J)	K	0	0	0	0

ケース19に比べ、286万円少ない
（相続税非課税）

④ 対策期間が長い場合

【ケース22　財産が8,000万円、相続まで20年と想定】

　ケース20より想定年数が長いので、暦年贈与の金額を減らすことになると思われます。

　贈与税は、すべて基礎控除の110万円以下の非課税の範囲で行い、相続税についても、財産が基礎控除以下になるようにします。

　例えば、配偶者と子2人だけ贈与を実行していくことが考えられます。

---

　①　子2人には、13年間、110万円ずつの暦年贈与を行う。14年目
　　から相続時精算課税で新たに設けられた110万円ずつの贈与を行う。

　②　配偶者には、14年間110万円ずつの暦年贈与を行う。

　③　子の配偶者2人及び孫4人には贈与をしない。

（単位は万円　暦＝暦年贈与、精＝相続時精算課税）

	1年目	2年目	3～13年目	14年目	15年目	16年目	17年目	18年目	19年目	20年目
配偶者	暦110	暦110	暦110	暦110						
子2人	暦110	暦110	暦110	精110	精110	精110	精110	精110	精110	精110
孫ら6人	0	0	0	0	0	0	0	0	0	0

　贈与税はすべて基礎控除の110万円以下なので非課税となります。

　相続税については、配偶者への14年目の贈与110万円は7年以内の贈与のため、今回の改正で設けられた100万円を控除した10万円が相続税の課税価格に加算されますが、財産が基礎控除以下になるので、非課税となります。

（単位：円）

相続税の試算

			配偶者	子2人	子の配偶者、孫ら6人合計
スタート時点の財産	A	80,000,000			
1人分の贈与額			110万円×14	110万円×13 +110万円×7	
贈与財産	B	59,400,000	15,400,000	44,000,000	0
上記のうち生前加算	C	100,000	100,000		
相続税課税対象財産	D（＝A－B＋C）	20,700,000	10,350,000	10,350,000	
基礎控除額	E	△48,000,000			
課税対象額	F（＝D－E）	0			
算出相続税額	G	0	0	0	
配偶者の軽減額	H	0	0		
納付税額	I	0	0	0	
贈与税の合計額	J	0		0	0
納付税額合計（I＋J）	K	0	0	0	0

↓
ケース19に比べ、315万円少ない
（相続税非課税）

【遺産が8,000万円の方へのアドバイス】

1　まずは、相続税の試算をしてみることが必要です。

2　相続税の限界税率を把握し、それ以下での贈与税の限界税率での贈与を繰り返し行うことが効果的です。相続税の限界税率は10％以下になることが想定されるので、贈与は、基礎控除以下が効率的です。

3　法定相続人が、配偶者、子2人のケースで、子の配偶者、孫への贈与も含めて、生前贈与を実行する場合には、次の贈与が効率的なことが多いと思われます。ただし、贈与者の生活に支障をきたさないような贈与とすべきで、相続税の基礎控除を下回った時点で贈与は取りやめを検討してください。

①　子には、暦年贈与を行っていくが、相続が見込まれる年の7年前からは相続時精算課税で新たに設けられた110万円ずつの贈与

を行う。

② 　配偶者には、暦年贈与の基礎控除以下の110万円ずつの贈与を行う。

③ 　子の配偶者及び孫４人には毎年、暦年課税の贈与を行う。場合によっては、取りやめの対象となる。

4 　相続までの期間を５年、10年、20年と想定してシミュレーションをしていると以下のような結果となります。

（万円）

	対策なし ②	相続までの期間					
		5年	② との差	10年	② との差	20年	② との差
相続税	175	0	△175	0	△175	0	△175
贈与税		0	0	0	0	0	0
合計	175	0	△175	0	△175	0	△175

当然の帰結ではありますが、相続までの期間が長くなればなるほど、納税額の減少効果は大きく出ることになります。したがって、早めの対策の着手が効果的ということになります。

6 財産が10億円のケース

① 何も対策をしない場合

【ケース23】 法定相続人が、配偶者、子2人のケース

下記のように、相続税が1億7,810万円となり、限界税率が23.75％となります。

相続税の試算

(単位：円)

				配偶者	子2人	
課税財産額	A		1,000,000,000	500,000,000	500,000,000	
基礎控除額	B		△ 48,000,000			
課税対象額	C（＝A－B）		952,000,000			
算出相続税額	D		356,200,000	178,100,000	178,100,000	
配偶者の軽減額	E		△ 178,100,000	△ 178,100,000		
納付税額	F（＝D－E）		178,100,000	0	178,100,000	限界税率、(0.5+0.45)／4 ＝23.75％

② 相続まで10年と想定した場合

遺産が10億円、相続まで10年と想定し、以下のような生前贈与を実行したと仮定してみます。

---

① 子2人には、3年間、x万円ずつの暦年贈与を行う。4年目から相続時精算課税で新たに設けられた110万円ずつの贈与を行う。

② 配偶者には、4年間110万円ずつの暦年贈与を行う。

③ 子の配偶者2人には毎年10年間、y万円ずつの暦年贈与を行う。

④ 孫4人には毎年10年間、x万円ずつの暦年贈与を行う。

上記の贈与を行うと、（x×2人×3年＋110万円×2人×7年）＋（110万円×4年）＋（y×2人×10年）＋（x×4人×10年）の財産が減少することになります。減少財産額は46x＋20y＋1,980万円となります。

ケース23の相続税の限界税率が23.75％のため、37ページの相続税の

限界税率以下の贈与税の限界税率は20%となります。贈与税の限界税率の20%は、特例税率で600万円となり、一般税率で400万円以下となります。したがって、x＝710万円、y＝510万円で検証します。

【ケース24　財産が10億円、相続まで10年と想定】

① 子2人には、3年間、710万円ずつの暦年贈与を行う。4年目から相続時精算課税で新たに設けられた110万円ずつの贈与を行う。

② 配偶者には、4年間110万円ずつの暦年贈与を行う。

③ 子の配偶者2人には毎年10年間、510万円ずつの暦年贈与を行う。

④ 孫4人には毎年10年間、710万円ずつの暦年贈与を行う。

（単位は万円　暦＝暦年贈与、精＝相続時精算課税）

	1年目	2年目	3年目	4年目	5年目	6年目	7年目	8年目	9年目	10年目
配偶者	暦 110	暦 110	暦 110	暦 110						
子2人	暦 710	暦 710	暦 710	精 110	精 110	精 110	精 110	精 110	精 110	精 110
子の配偶者2人	暦 510	暦 510	暦 510	暦 510	暦 510	暦 510	暦 510	暦 510	暦 510	暦 510
孫4人	暦 710	暦 710	暦 710	暦 710	暦 710	暦 710	暦 710	暦 710	暦 710	暦 710

〈贈与税額（35ページ参照）〉

配偶者：110万円以下なので非課税

子2人：90万円×2人×3年＝540万円。精算課税は110万円以下なので非課税

子の配偶者2人：55万円×2人×10年＝1,100万円

孫4人：90万円×4人×10年＝3,600万円

合計5,240万円

一方、相続税については、財産が4億4,840万円減少するので、相続

時点では、5億5,160万円の遺産額となります。ただし、配偶者への4年目の贈与110万円は7年以内の贈与であり、100万円を控除した10万円が相続税の課税価格に加算されます。相続税額を計算すると限界税率は21.25％になります。子2人の合計相続税額は7,654万円となります（ケース24）。贈与税も含めて比較すると、何も対策をしない場合のケース23に比べ4,916万円有利になります。これ以上の生前贈与による贈与を行うと、相続税の限界税率は21.25％と低くなりますが、贈与税率が30％となるので、不利になります。

（単位：円）

相続税の試算

			配偶者	子2人	子の配偶者、孫ら6人合計
スタート時点の財産	A	1,000,000,000			
1人分の贈与額			110万円×4	710万円×3＋110万円×7	710万円×10＋510万円×10
贈与財産	B	448,400,000	4,400,000	58,000,000	386,000,000
上記のうち生前加算	C	100,000	100,000		
相続税課税対象財産	D（＝A－B＋C）	551,700,000	275,850,000	275,850,000	
基礎控除額	E	△48,000,000			
課税対象額	F（＝D－E）	503,700,000			
算出相続税額	G	153,072,500	76,536,250	76,536,250	100円未満の調整なし
配偶者の軽減額	H	－76,536,250	△76,536,250		
納付税額	I	76,536,250	0	76,536,250	限界税率、(0.45＋0.4)／4＝21.25％
贈与税の合計額	J	52,400,000		5,400,000	47,000,000
納付税額合計（I＋J）	K	128,936,250	0	81,936,250	47,000,000

↓

ケース23に比べ、4,616万円少ない

③ 対策期間が短い場合

【ケース25　財産が10億円、相続まで5年と想定】

　ケース24より想定年数が短いので、暦年贈与の金額を増やすことになりそうですが、相続税の限界税率が23.75％のため、贈与税の限界税率20％超（＝30％以上）の贈与は不利ということになります。

　したがって、贈与金額は、以下のようになります。

---

　① 　子2人には、1年間だけ、710万円ずつの暦年贈与を行う。

　　　 2年目から相続時精算課税で新たに設けられた110万円ずつの

　　　贈与を行う。

　② 　配偶者には、令和5年、6年と110万円ずつの暦年贈与を行う。

　③ 　子の配偶者2人には毎年5年間、510万円ずつの暦年贈与を行う。

　④ 　孫4人には毎年5年間、710万円ずつの暦年贈与を行う。

（単位は万円　㊐＝暦年贈与、■精＝相続時精算課税）

	1年目 （令5）	2年目 （令6）	3年目 （令7）	4年目 （令8）	5年目 （令9）
配偶者	㊐ 110	㊐ 110			
子2人	㊐ 710	精 110	精 110	精 110	精 110
子の配偶者2人	㊐ 510	㊐ 510	㊐ 510	㊐ 510	㊐ 510
孫4人	㊐ 710	㊐ 710	㊐ 710	㊐ 710	㊐ 710

〈贈与税額（35ページ参照）〉

　配偶者：110万円以下なので非課税

　子2人：90万円×2人×1年＝180万円。相続時精算課税は110万円以下なので非課税

　子の配偶者2人：55万円×2人×5年＝550万円

孫４人：90万円×４人×５年＝1,800万円

合計2,530万円

一方、相続税については、財産が２億1,820万円減少するので、相続時点では７億8,180万円の遺産額となります。配偶者への２年目の贈与110万円は７年以内の贈与のため、今回の改正で設けられた100万円を控除した10万円が相続税の課税価格に加算されます。相続税額を計算すると、子２人の合計税額は１億2,713万円となります。贈与税も含めて比較すると、何も対策していない場合のケース23に比べ2,567万円有利となります。

（単位：円）

相続税の試算

			配偶者	子２人	子の配偶者、孫ら６人合計
スタート時点の財産	A	1,000,000,000			
１人分の贈与額			110万円×2	710万円×1＋110万円×4	710万円×5+510万円×5
贈与財産	B	218,200,000	2,200,000	23,000,000	193,000,000
上記のうち生前加算	C	100,000	100,000		
相続税課税対象財産	D（＝A－B＋C）	781,900,000	390,950,000	390,950,000	
基礎控除額	E	△ 48,000,000			
課税対象額	F（＝D－E）	733,900,000			
算出相続税額	G	254,255,000	127,127,500	127,127,500	
配偶者の軽減額	H	− 127,127,500	△ 127,127,500		
納付税額	I	127,127,500	0	127,127,500	限界税率、（0.5+0.4）／4 ＝22.5%
贈与税の合計額	J	25,300,000		1,800,000	23,500,000
納付税額合計（I＋J）	K	152,427,500	0	128,927,500	23,500,000

↓

ケース23に比べ、2,567万円少ない

④　対策期間が長い場合

【ケース26　財産が10億円、相続まで20年と想定】

　ケース23で見たように、相続税の限界税率が23.75％のため、その相続税の限界税率以下の贈与税の限界税率20％での贈与を行うこととなります。

　したがって、y＝510万円の贈与、x＝710万円の贈与を検証します。

---

①　子２人は13年間、710万円ずつ暦年贈与を行う。14年目から相続時精算課税で新たに設けられた110万円ずつの贈与を行う。

②　配偶者には14年間110万円ずつ暦年贈与を行う。

③　子の配偶者２人には毎年510万円ずつ暦年贈与を行う。

④　孫４人には毎年710万円ずつ暦年贈与を行う。

　いつもの方程式で考えると、（710万円×２人×13年＋110万円×２人×７年）＋（110万円×14年）＋（710万円×４人×20年）＋（510万円×２人×20年）の財産が減少することになり、減少財産額は９億8,740万円となります。

　すると相続税の課税対象が、９億5,200万円が０円にまで減少し、相続税の限界税率は０％となってしまいます。対策の年数が長いので、贈与税の限界税率10％の活用が効果的になりますが、まずは贈与税の限界税率が15％のところでの贈与を検討します。

　贈与税の限界税率が15％の贈与は、y＝410万円の贈与、x＝510万円の贈与となります。

　いつもの方程式で考えると、（x×２人×13年＋110万円×２人×７年）＋（110万円×14年）＋（x×４人×20年）＋（y×２人×20年）の財産が減少することになり、減少財産額は７億3,540万円となります。

　すると相続税の課税対象が、９億5,200万円が２億1,670万円となり、相

続税の限界税率は17.5％に低下するので、贈与税の限界税率15％より高いところに収まり、効率的な贈与ということになります。

---

① 子2人には、13年間、510万円ずつの暦年贈与を行う。14年目から相続時精算課税で新たに設けられた110万円ずつの贈与を行う。

② 配偶者には、14年間110万円ずつの暦年贈与を行う。

③ 子の配偶者2人には、毎年20年間、410万円ずつの暦年贈与を行う。

④ 孫4人には毎年20年間、510万円ずつの暦年贈与を行う。

（単位は万円　暦＝暦年贈与、精＝相続時精算課税）

	1年目	2年目	3～13年目	14年目	15年目	16年目	17年目	18年目	19年目	20年目
配偶者	暦110	暦110	暦110	暦110						
子2人	暦510	暦510	暦510	精110	精110	精110	精110	精110	精110	精110
子の配偶者2人	暦410	暦410	暦410	暦410	暦410	暦410	暦410	暦410	暦410	暦410
孫4人	暦510	暦510	暦510	暦510	暦510	暦510	暦510	暦510	暦510	暦510

〈贈与税額（35ページ参照）〉

配偶者：110万円以下なので非課税

子2人：50万円×2人×13年＝1,300万円。相続時精算課税は110万円以下なので非課税

子の配偶者2人：35万円×2人×20年＝1,400万円

孫4人：50万円×4人×20年＝4,000万円

合計6,700万円

一方、相続税については、財産が7億3,540万円減少するので、相続

時点では２億6,460万円の遺産額となります。配偶者への14年目の贈与110万円は７年以内の贈与のため、今回の改正で設けられた100万円を控除した10万円が相続税の課税価格に加算されます。相続税額を計算すると、子２人の合計税額は2,242万円となります。贈与税も含めて比較すると、何も対策していない場合のケース23に比べ7,868万円有利となります。

(単位：円)

相続税の試算

			配偶者	子２人	子の配偶者、孫ら６人合計
スタート時点の財産	A	1,000,000,000			
１人分の贈与額			110万円×14	510万円×13 +110万円×7	510万円×20＋410万円×20
贈与財産	B		735,400,000	15,400,000	148,000,000	572,000,000
上記のうち生前加算	C		100,000	100,000		
相続税課税対象財産	D（＝A－B＋C）		264,700,000	132,350,000	132,350,000	
基礎控除額	E		△ 48,000,000			
課税対象額	F（＝D－E）		216,700,000			
算出相続税額	G		44,845,000	22,422,500	22,422,500	
配偶者の軽減額	H		－ 22,422,500	△ 22,422,500		
納付税額	I		22,422,500	0	22,422,500	限界税率、(0.3+0.4)／4＝17.5%
贈与税の合計額	J		77,000,000		13,000,000	64,000,000
納付税額合計（I＋J）	K		99,422,500	0	35,422,500	64,000,000

↓
ケース23に比べ、7,868万円少ない

【財産が10億円の方へのアドバイス】

1　まずは、相続税の試算をしてみることが必要です。

2　相続税の限界税率を把握し、それ以下での贈与税の限界税率での贈与を繰り返し行うことが効果的です。

3　法定相続人が、配偶者、子２人のケースで、子の配偶者、孫への贈与も含めて、生前贈与を実行する場合には、次の贈与が効率的なこと

86

が多いと思われます。

> ①　子には、暦年贈与を行っていくが、相続が見込まれる年の7年
> 前からは相続時精算課税で新たに設けられた110万円ずつの贈与
> を行う。
> ②　配偶者には、暦年贈与の基礎控除以下の110万円ずつの贈与を
> 行う。
> ③　子の配偶者及び孫4人には毎年、暦年課税の贈与を行う。

4　相続までの期間を5年、10年、20年と想定してシミュレーションを
していると以下のような結果となります。

（単位：万円）

	対策なし①	相続までの期間					
		5年	①との差	10年	①との差	20年	①との差
相続税	17,810	12,713	△5,097	7,654	△10,156	2,242	△15,568
贈与税		2,530	2,530	5,240	2,240	6,700	6,700
合計	17,810	15,243	△2,567	12,894	△4,916	8,942	△8,868

　当然の帰結ではありますが、相続までの期間が長くなればなるほど、
納税額の減少効果は大きく出ることになります。したがって、早めの対
策の着手が効果的ということになります。

7 財産が20億円のケース

① 何も対策をしない場合

【ケース27】 法定相続人が、配偶者、子2人のケース

下記のように、相続税が4億3,440万円となり、限界税率が26.25%となります。

相続税の試算 （単位：円）

			配偶者	子2人	
課税財産額	A	2,000,000,000	1,000,000,000	1,000,000,000	
基礎控除額	B	△ 48,000,000			
課税対象額	C（＝A－B）	1,952,000,000			
算出相続税額	D	868,800,000	434,400,000	434,400,000	
配偶者の軽減額	E	△ 434,400,000	△ 434,400,000		
納付税額	F（＝D－E）	434,400,000	0	434,400,000	限界税率、(0.5+0.55)／4 ＝26.25％

② 相続まで10年と想定した場合

ケース27の相続税の限界税率が26.25％のため、ケース23と同様に相続税の限界税率以下の贈与税の限界税率20％のところで贈与を行っていくこととなります。

【ケース28 財産が20億円、相続まで10年と想定】

① 子2人には、3年間、710万円ずつの暦年贈与を行う。4年目から相続時精算課税で新たに設けられた110万円ずつの贈与を行う。

② 配偶者には、4年間110万円ずつの暦年贈与を行う。

③ 子の配偶者2人には毎年10年間、510万円ずつの暦年贈与を行う。

④ 孫4人には毎年10年間、710万円ずつの暦年贈与を行う。

（単位は万円　暦＝暦年贈与、精＝相続時精算課税）

	1年目	2年目	3年目	4年目	5年目	6年目	7年目	8年目	9年目	10年目
配偶者	暦110	暦110	暦110	暦110						
子2人	暦710	暦710	暦710	精110	精110	精110	精110	精110	精110	精110
子の配偶者2人	暦510	暦510	暦510	暦510	暦510	暦510	暦510	暦510	暦510	暦510
孫4人	暦710	暦710	暦710	暦710	暦710	暦710	暦710	暦710	暦710	暦710

〈贈与税額（35ページ参照）〉

配偶者：110万円以下なので非課税

子2人：90万円×2人×3年＝540万円。相続時精算課税は110万円以下なので非課税

子の配偶者2人：55万円×2人×10年＝1,100万円

孫4人：90万円×4人×10年＝3,600万円

合計5,240万円

　一方、相続税については、財産が4億4,840万円減少するので、相続時点では、15億5,160万円の遺産額となります。ただし、配偶者への4年目の贈与110万円は7年以内の贈与であり、100万円を控除した10万円が相続税の課税価格に加算されます。相続税額を計算すると限界税率は21.25％になります。子2人の合計相続税額は3億1,672万円となります。贈与税も含めて比較すると、何も対策をしない場合のケース27に比べ6,528万円有利になります。これ以上の生前贈与による贈与を行うと、相続税の限界税率は21.25％と低くなりますが、贈与税率が30％となりますので、不利になります。

（単位：円）

相続税の試算

			配偶者	子2人	子の配偶者、孫ら6人合計
スタート時点の財産	A	2,000,000,000			
1人分の贈与額			110万円×4	710万円×3＋110万円×7	710万円×10＋510万円×10
贈与財産	B	448,400,000	4,400,000	58,000,000	386,000,000
上記のうち生前加算	C	100,000	100,000		
相続税課税対象財産	D（＝A－B＋C）	1,551,700,000	775,850,000	775,850,000	
基礎控除額	E	△ 48,000,000			
課税対象額	F（＝D－E）	1,503,700,000			
算出相続税額	G	633,442,500	316,721,250	316,721,250	100円未満の調整なし
配偶者の軽減額	H	－ 316,721,250	△ 316,721,250		
納付税額	I	316,721,250	0	316,721,250	限界税率、（0.45＋0.4）／ 4 ＝21.25％
贈与税の合計額	J	52,400,000		5,400,000	47,000,000
納付税額合計（I＋J）	K	369,121,250	0	322,121,250	47,000,000

↓
ケース27に比べ、6,528万円少ない

③ 対策期間が短い場合

【ケース29　財産が20億円、相続まで5年と想定】

　ケース28より想定年数が短いので、暦年贈与の金額を増やすことになりそうですが、相続税の限界税率が26.25％のため、贈与税の限界税率20％超（＝30％以上）の贈与は不利ということになります。

　したがって、贈与金額は、以下のようになります。

---

① 　子2人には、1年間だけ、710万円ずつの暦年贈与を行う。2年目から相続時精算課税で新たに設けられた110万円ずつの贈与を行う。

② 　配偶者には、令和5年、6年と110万円ずつの暦年贈与を行う。

③ 　子の配偶者2人には毎年5年間、510万円ずつの暦年贈与を行う。

④ 　孫4人には毎年5年間、710万円ずつの暦年贈与を行う。

（単位は万円　暦＝暦年贈与、精＝相続時精算課税）

	1年目 （令5）	2年目 （令6）	3年目 （令7）	4年目 （令8）	5年目 （令9）
配偶者	暦 110	暦 110			
子2人	暦 710	精 110	精 110	精 110	精 110
子の配偶者2人	暦 510	暦 510	暦 510	暦 510	暦 510
孫4人	暦 710	暦 710	暦 710	暦 710	暦 710

〈贈与税額（35ページ参照）〉

　配偶者：110万円以下なので非課税

　子2人：90万円×2人×1年＝180万円。相続時精算課税は110万円以下なので非課税

　子の配偶者2人：55万円×2人×5年＝550万円

孫 4 人：90万円 × 4 人 × 5 年 ＝ 1,800万円

　　　　合計2,530万円

　一方、相続税については、財産が 2 億1,820万円減少するので、相続時点では17億8,180万円の遺産額となります。配偶者への 2 年目の贈与110万円は 7 年以内の贈与のため、今回の改正で設けられた100万円を控除した10万円が相続税の課税価格に加算されます。相続税額を計算すると、子 2 人の合計税額は 3 億7,715万円となります。贈与税も含めて比較すると、何も対策していない場合のケース27に比べ3,195万円有利となります。

（単位：円）

相続税の試算

			配偶者	子 2 人	子の配偶者、孫ら 6 人合計
スタート時点の財産	A	2,000,000,000			
1 人分の贈与額			110万円×2	710万円×1＋110万円×4	710万円×5＋510万円×5
贈与財産	B	218,200,000	2,200,000	23,000,000	193,000,000
上記のうち生前加算	C	100,000	100,000		
相続税課税対象財産	D（＝A－B＋C）	1,781,900,000	890,950,000	890,950,000	
基礎控除額	E	△ 48,000,000			
課税対象額	F（＝D－E）	1,733,900,000			
算出相続税額	G	754,297,500	377,148,750	377,148,750	100円未満の調整なし
配偶者の軽減額	H	－ 377,148,750	△ 377,148,750		
納付税額	I	377,148,750	0	377,148,750	限界税率、(0.5＋0.55)／ 4 ＝26.25％
贈与税の合計額	J	25,300,000		1,800,000	23,500,000
納付税額合計（ I ＋ J ）	K	402,448,750	0	378,948,750	23,500,000

　　　　　　　　　　　↓
　　　ケース27に比べ、3,195万円少ない

④　対策期間が長い場合

【ケース30　財産が20億円、相続まで20年と想定】

　ケース27で見たように、相続税の限界税率が23.75％のため、その相続税の限界税率以下の贈与税の限界税率20％での贈与を行うこととなります。

　したがって、一般税率で510万円の贈与、特例税率で710万円の贈与を行うこととなります。

---

①　子2人には、13年間、710万円ずつの暦年贈与を行う。14年目から相続時精算課税で新たに設けられた110万円ずつの贈与を行う。

②　配偶者には、14年間110万円ずつの暦年贈与を行う。

③　子の配偶者2人には、毎年20年間、510万円ずつの暦年贈与を行う。

④　孫4人には毎年20年間、710万円ずつの暦年贈与を行う。

（単位は万円　暦＝暦年贈与、精＝相続時精算課税）

	1年目	2年目	3～13年目	14年目	15年目	16年目	17年目	18年目	19年目	20年目
配偶者	暦110	暦110	暦110	暦110						
子2人	暦710	暦710	暦710	精110	精110	精110	精110	精110	精110	精110
子の配偶者2人	暦510	暦510	暦510	暦510	暦510	暦510	暦510	暦510	暦510	暦510
孫4人	暦710	暦710	暦710	暦710	暦710	暦710	暦710	暦710	暦710	暦510

〈贈与税額（35ページ参照）〉

　配偶者：110万円以下なので非課税

　子2人：90万円×2人×13年＝2,340万円。相続時精算課税は110万円以下なので非課税

　子の配偶者2人：55万円×2人×20年＝2,200万円

孫 4 人：90万円 × 4 人 × 20年 ＝ 7,200万円

合計 1 億1,740万円

一方、相続税については、財産が 9 億8,740万円減少するので、相続時点では10億1,260万円の遺産額となります。配偶者への14年目の贈与110万円は 7 年以内の贈与のため、今回の改正で設けられた100万円を控除した10万円が相続税の課税価格に加算されます。相続税額を計算すると、子 2 人の合計税額は 1 億8,112万円となります。贈与税も含めて比較すると、何も対策していない場合のケース27に比べ 1 億3,589万円有利となります。

(単位：円)

相続税の試算

			配偶者	子 2 人	子の配偶者、孫ら 6 人合計
スタート時点の財産	A	2,000,000,000			
1 人分の贈与額			110万円 × 14	710万円 × 13 + 110万円 × 7	710万円 × 20 + 510万円 × 20
贈与財産	B	987,400,000	15,400,000	200,000,000	772,000,000
上記のうち生前加算	C	100,000	100,000		
相続税課税対象財産	D（＝A － B ＋ C）	1,012,700,000	506,350,000	506,350,000	
基礎控除額	E	△ 48,000,000			
課税対象額	F（＝D － E）	964,700,000			
算出相続税額	G	362,232,500	181,116,250	181,116,250	100円未満の調整なし
配偶者の軽減額	H	－ 181,116,250	△ 181,116,250		
納付税額	I	181,116,250	0	181,116,250	限界税率、(0.5 + 0.45) ／ 4 ＝ 23.75％
贈与税の合計額	J	117,400,000		23,400,000	94,000,000
納付税額合計（I ＋ J）	K	298,516,250	0	204,516,250	94,000,000

↓
ケース27に比べ、1 億3,589万円少ない

【財産が20億円の方へのアドバイス】

1　まずは、相続税の試算をしてみることが必要です。

2　相続税の限界税率を把握し、それ以下での贈与税の限界税率での贈

与を繰り返し行うことが効果的です。

3 法定相続人が、配偶者、子2人のケースで、子の配偶者、孫への贈与も含めて、生前贈与を実行する場合には、次の贈与が効率的なことが多いと思われます。

---

① 子には、暦年贈与を行っていくが、相続が見込まれる年の7年前からは相続時精算課税で新たに設けられた110万円ずつの贈与を行う。

② 配偶者には、暦年贈与の基礎控除以下の110万円ずつの贈与を行う。

③ 子の配偶者及び孫4人には毎年、暦年課税の贈与を行う。

---

4 相続までの期間を5年、10年、20年と想定してシミュレーションをしていると以下のような結果となります。

(単位：万円)

	対策なし ②	相続までの期間					
		5年	②との差	10年	②との差	20年	②との差
相続税	43,440	37,715	△5,725	31,672	△11,768	18,111	△25,329
贈与税		2,530	2,530	5,240	2,240	11,740	11,740
合計	43,440	40,245	△3,195	36,912	△6,528	29,852	△13,589

当然の帰結ではありますが、相続までの期間が長くなればなるほど、納税額の減少効果は大きく出ることになります。したがって、早めの対策の着手が効果的ということになります。

5 第二次相続を加味すると上記3の対策の金額以上の贈与が効果的な場合があります。95ページ以下をご参照ください。

(3) 第二次相続も加味した場合のシミュレーション

【ケース31　財産が20億円、相続まで5年と想定】

　90ページのケース29で、遺産が20億円で相続までの想定を5年とした
ものを見ました。そこでは、相続税の限界税率が26.25％のため、贈与
税の限界税率20％超（＝30％以上）の贈与は不利ということを言及しま
した。これは、第二次相続を加味しない場合には、成り立つのですが、
第二次相続を加味したときにはどうなるのかを検討することとします。

　ケース29では以下の贈与を実行することとしていました（再掲）。

---

① 　子2人には、1年間だけ、710万円ずつの暦年贈与を行う。2
　　年目から相続時精算課税で新たに設けられた110万円ずつの贈与
　　を行う。

② 　配偶者には、令和5年と令和6年のみ、110万円ずつの暦年贈
　　与を行う。

③ 　子の配偶者2人には毎年5年間、510万円ずつの暦年贈与を行う。

④ 　孫4人には毎年5年間、710万円ずつの暦年贈与を行う。

　この時の第二次相続の相続税も示すと次のとおりとなります。

第一次相続
(ケース29を再掲) 相続税の試算

(単位：円)

			配偶者	子2人	子の配偶者、孫ら6人合計
スタート時点の財産	A	2,000,000,000			
1人分の贈与額			110万円×2	710万円×1+110万円×4	710万円×5+510万円×5
贈与財産	B	218,200,000	2,200,000	23,000,000	193,000,000
上記のうち生前加算	C	100,000	100,000		
相続税課税対象財産	D（=A-B+C)	1,781,900,000	890,950,000	890,950,000	
基礎控除額	E	△48,000,000			
課税対象額	F（=D-E)	1,733,900,000			
算出相続税額	G	754,297,500	377,148,750	377,148,750	100円未満の調整なし
配偶者の軽減額	H	△377,148,750	△377,148,750		
納付税額	I	377,148,750	0	377,148,750	限界税率、(0.5+0.55)／4＝26.25%
贈与税の合計額	J	25,300,000		1,800,000	23,500,000
納付税額合計（I+J)	K	402,448,750	0	378,948,750	23,500,000

第二次相続

(単位：円)

			長男	二男	子の配偶者、孫ら6人合計
相続税課税対象財産		893,150,000	446,575,000	446,575,000	
基礎控除額		△42,000,000			
課税対象額		851,150,000			
算出相続税額		341,575,000	170,787,500	170,787,500	
納付税額	L	341,575,000	170,787,500	170,787,500	限界税率、50%
第一次、第二次相続合計（K+L)		744,023,750			

【ケース32　財産が20億円、相続まで5年と想定、ケース29より贈与を増やす】

　ここで、配偶者の第二次相続の限界税率は50％のため、それ未満の贈与税の限界税率45％を駆使して、贈与を行ったらどうなるかを検証します。相続前加算のない、子の配偶者2人と孫4人にそれぞれ1,610万円と3,110万円の贈与を行った場合を計算します。

（単位は万円　㊫=暦年贈与、■精■=相続時精算課税）

	1年目 （令5）	2年目 （令6）	3年目 （令7）	4年目 （令8）	5年目 （令9）
配偶者	㊫ 110	㊫ 110			
子2人	㊫ 710	精 110	精 110	精 110	精 110
子の配偶者2人	㊫ 1,610	㊫ 1,610	㊫ 1,610	㊫ 1,610	㊫ 1,610
孫4人	㊫ 3,110	㊫ 3,110	㊫ 3,110	㊫ 3,110	㊫ 3,110

〈贈与税額（35ページ参照）〉

　配偶者：110万円以下なので非課税

　子2人：90万円×2人×1年＝180万円。相続時精算課税は110万円以下なので非課税

　子の配偶者2人：500万円×2人×5年＝5,000万円

　孫4人：1,085万円×4人×5年＝2億1,700万円

　　合計2億6,880万円

第一次相続
相続税の試算

			配偶者	子2人	子の配偶者、孫ら6人合計
スタート時点の財産	A	2,000,000,000			
1人分の贈与額			110万円×2	710万円×1+110万円×4	3,110万円×5+1,610万円×5
贈与財産	B	808,200,000	2,200,000	23,000,000	783,000,000
上記のうち生前加算	C	100,000	100,000		
相続税課税対象財産	D（=A−B+C）	1,191,900,000	595,950,000	595,950,000	
基礎控除額	E	△ 48,000,000			
課税対象額	F（=D−E）	1,143,900,000			
算出相続税額	G	447,352,500	223,676,250	223,676,250	100円未満の調整なし
配偶者の軽減額	H	-223,676,250	△ 223,676,250		
納付税額	I	223,676,250	0	223,676,250	限界税率、(0.5+0.45)／4＝23.75%
贈与税の合計額	J	268,800,000		1,800,000	267,000,000
納付税額合計（I+J）	K	492,476,250	0	225,476,250	267,000,000

第二次相続

			長男	二男	子の配偶者、孫ら6人合計
相続税課税対象財産		598,150,000	299,075,000	299,075,000	
基礎控除額		△ 42,000,000			
課税対象額		556,150,000			
算出相続税額		196,267,500	98,133,750	98,133,750	100円未満の調整なし
納付税額	L	196,267,500	98,133,750	98,133,750	限界税率、45%
第一次、第二次相続合計（K+L）		688,743,750			

↓
ケース31に比べ、5,528万円少ない

　検証の結果、ケース32すなわち第二次相続も考慮した計画的な贈与を実行したほうが5,528万円も税金が低下することが分かりました。これは、財産が20億円と大きなものを想定したものであるためとは言えますが、相続までの想定年数や、子の人数、子の配偶者の人数、孫の人数などにより異なるものの、第一次相続だけを見るのではなく、第二次相続を視野に入れて検討することが重要になります。

(4) 配偶者なしの場合のシミュレーション

1 財産が10億円のケース

① 何も対策をしない場合

【ケース33】 法定相続人が、子2人のケース

下記のように、相続税が3億9,500万円となり、限界税率が50%となります。

相続税の試算　　　　　　　　　　　　　　　　　　（単位：円）

			長男	二男	
課税財産額	A	1,000,000,000	500,000,000	500,000,000	
基礎控除額	B	△ 42,000,000			
課税対象額	C（＝A－B）	958,000,000			
納付税額	D	395,000,000	197,500,000	197,500,000	限界税率、50%

〈配偶者がおらず子2人が相続人であるときの相続税の限界税率の求め方〉

相続税			贈与税
課税対象額① （基礎控除後）	計算過程①×	税率	限界税率
12億円超	1/2＝6億円超	55%	⇐　55%
12億円以下 　　　6億円超	1/2＝3億円超	50%	⇐　50%
6億円以下 　　　4億円超	1/2＝2億円超	45%	⇐　45%
4億円以下 　　　2億円超	1/2＝1億円超	40%	⇐　40%
2億円以下 　　　1億円超	1/2＝0.5億円超	30%	⇐　30%
1億円以下 　　0.6億円超	1/2＝0.3億円超	20%	⇐　20%
0.6億円以下 　　0.2億円超	1/2＝0.1億円超	15%	⇐　15%
0.2億円以下	1/2＝0.1億円以下	10%	⇐　10%

100

②　相続まで5年と想定した場合

（共通の前提）

・　法定相続人が、子2人のケース。子にそれぞれ孫（贈与の年の1月1日においてすべて18歳以上とする。）が2人ずついる。

・　相続税と贈与税の合計の負担をなるべく低くなるように生前贈与を行っていく。

・　分割協議は法定相続分での取得とする。

　配偶者がいないケースなので、相続までの想定期間を5年で検討するのを一番先にすべきと考えられます。したがって、今までのシミュレーションと異なり、5年から検討します。

---

①　子2人には、令和5年分のみx万円ずつの暦年贈与を行う。2年目から相続時精算課税で新たに設けられた110万円ずつの贈与を行う。

②　子の配偶者2人には毎年5年間、y万円ずつの暦年贈与を行う。

③　孫4人には毎年5年間、x万円ずつの暦年贈与を行う。

　上記の贈与を行うと、（x×2人×1年＋110万円×2人×4年）＋（y×2人×5年）＋（x×4人×5年）の財産が減少することになります。減少財産額は22x＋10y＋980万円となります。

　ケース33の相続税の限界税率が50％のため、99ページの相続税の限界税率以下の贈与税の限界税率は45％となります。贈与税の限界税率の45％は、特例税率で3,000万円となり、一般税率で1,500万円以下となります。したがって、x＝3,110万円、y＝1,610万円ということになります。

　これを上記の方程式に当てはめると、8億5,400万円の財産が減少します。すると、相続税の課税対象額が1億400万円になり、相続税の限界税率が30％まで低下します。したがって、限界税率45％の贈与を継続

していくのは効果的でないことが分かります。相続というのはいつ発生するかは本来予測できるものではないので、順次贈与金額を切り下げて相続税の限界税率と贈与税の限界税率を調整していく方法が良いと思われます。

したがって、まず令和5年分においては、x＝3,110万円、y＝1,610万円として贈与を行うこととします。これで1年間に2億1,880万円の財産が減少します。相続税の課税対象額が7億3,920万円になり、相続税の限界税率は50％のままです。

2年目を実行すると、1億5,880万円の財産が減少します。相続税の課税対象額が5億8,040万円になり、相続税の限界税率は45％に下がります。

3年目も2年目の贈与を継続すると、相続税の課税対象額が4億2,160万円になり、相続税の限界税率は45％のままのため、限界税率45％の贈与を継続していくことになります。

4年目も2年目の贈与を継続すると、相続税の課税対象額が2億6,280万円になり、相続税の限界税率は40％に下がるので、4年目の贈与は、贈与税の限界税率が40％の贈与を実行することになります。特例贈与（x）で1,610万円、一般贈与（y）で1,110万円となります。これで1年間に8,880万円の財産が減少します。相続税の課税対象額が3億3,280万円になり、相続税の限界税率は40％のままです。

5年目の贈与も、4年目と同様に贈与税の限界税率が40％の贈与を実行することになります。特例贈与で1,610万円、一般贈与で1,110万円となります。これで1年間に8,880万円の財産が減少します。相続税の課税対象額が2億4,400万円になり、相続税の限界税率は40％のままです。

以上をまとめると以下のとおりとなります。

102

【ケース34　財産が10億円、相続まで５年と想定（配偶者なし）】

① 子２人には、１年間、3,110万円ずつの暦年贈与を行う。２年目から相続時精算課税で新たに設けられた110万円ずつの贈与を行う。

② 子の配偶者２人には３年間1,610万円ずつ、その後２年間1,110万円ずつの暦年贈与を行う。

③ 孫４人には３年間3,110万円ずつ、その後２年間1,610万円ずつの暦年贈与を行う。

（単位は万円　暦＝暦年贈与、精＝相続時精算課税）

	１年目 （令５）	２年目 （令６）	３年目 （令７）	４年目 （令８）	５年目 （令９）
子２人	暦 3,110	精 110	精 110	精 110	精 110
子の配偶者２人	暦 1,610	暦 1,610	暦 1,610	暦 1,110	暦 1,110
孫４人	暦 3,110	暦 3,110	暦 3,110	暦 1,610	暦 1,610
合計	21,880	15,880	15,880	8,880	8,880

〈贈与税額（35ページ参照）〉

子２人：1,085万円×２人×１年＝2,170万円。相続時精算課税は110万円以下なので非課税

子の配偶者２人：500万円×２人×３年＋275万円×２人×２年＝4,100万円

孫４人：1,085万円×４人×３年＋410万円×４人×２年＝１億6,300万円

　合計２億2,570万円

一方、相続税については、財産が７億1,400万円減少するので、相続時点では２億8,600万円の遺産額となります。相続税額を計算すると、

子2人の合計税額は6,360万円となります。贈与税も含めて比較すると、何も対策していない場合のケース33に比べ1億570万円有利となります。

(単位：円)

相続税の試算			子2人	子の配偶者 2人合計	孫4人合計
スタート時点の財産	A	1,000,000,000			
1人分の贈与額			3,110万円×1+ 110万円×4	1,610万円×3+1,110 万円×2	3,110万円×3+1,610 万円×2
贈与財産	B	714,000,000	71,000,000	141,000,000	502,000,000
上記のうち生前加算	C	0			
相続税課税対象財産	D（＝A－B ＋C）	286,000,000	286,000,000		
基礎控除額	E	△ 42,000,000			
課税対象額	F（＝D－E）	244,000,000			
納付税額	G	63,600,000	63,600,000		限界税率、40%
贈与税の合計額	H	225,700,000	21,700,000	41,000,000	163,000,000
納付税額合計（G＋H）	J	289,300,000	85,300,000	41,000,000	163,000,000

↓

ケース33に比べ、10,570万円少ない

【ケース35　財産が10億円、相続まで10年と想定（配偶者なし）】

　6年目も5年目の贈与を継続すると、1年間に8,880万円の財産が減少するので、相続税の課税対象額が1億5,520万円になり、相続税の限界税率は30％に下がるので、6年目の贈与は、贈与税の限界税率が30％の贈与を実行することになります。特例贈与で1,110万円、一般贈与で710万円となります。これで1年間に6,080万円の財産が減少します。相続税の課税対象額が1億8,320万円になり、相続税の限界税率は30％のままです。

　7年目の贈与は、贈与税の限界税率が30％の贈与を継続することになります。1年間に6,080万円の財産が減少し、相続税の課税対象額が1億2,240万円になり、相続税の限界税率は30％のままです。

　8年目の贈与も、7年目の贈与を継続すると、相続税の課税対象額が6,160万円になり、相続税の限界税率は20％に下がるので、8年目の贈与は、贈与税の限界税率が15％の贈与を実行することになります。特例贈与で510万円、一般贈与で410万円となります。これで1年間に3,080万円の財産が減少します。相続税の課税対象額が9,160万円になり、相続税の限界税率は20％です。

　9年目の贈与を、8年目の贈与を継続すると、相続税の課税対象額が6,080万円になり、相続税の限界税率は20％となるので、9年目の贈与は、8年目を継続することになります。

　10年目の贈与を、9年目の贈与を継続すると、相続税の課税対象額が3,000万円になり、相続税の限界税率は15％に下がるので、10年目の贈与は、贈与税の限界税率が10％の贈与を実行することになります。特例贈与、一般贈与とも310万円となります。これで1年間に2,080万円の財産が減少します。相続税の課税対象額が4,000万円になり、相続税の限界税率は15％です。

　以上をまとめると以下のとおりとなります。

　5年目までは、ケース34の対策を実施。6年目からは以下の贈与を実行する。
① 　子2人には、引き続き相続時精算課税で新たに設けられた110万円ずつの贈与を行う。
② 　子の配偶者2人には2年間710万円ずつ、その後2年間410万円、最後の年に310万円ずつの贈与を行う。
③ 　孫4人には2年間1,110万円ずつ、その後2年間510万円、最後の年に310万円ずつの贈与を行う。

（単位は万円　⑱=暦年贈与、■=相続時精算課税）

	6年目 （令10）	7年目 （令11）	8年目 （令12）	9年目 （令13）	10年目 （令14）
子2人	**精** 110	**精** 110	**精** 110	**精** 110	**精** 110
子の配偶者2人	⑱ 710	⑱ 710	⑱ 410	⑱ 410	⑱ 310
孫4人	⑱ 1,110	⑱ 1,110	⑱ 510	⑱ 510	⑱ 310
合計	6,080	6,080	3,080	3,080	2,080

〈贈与税額（35ページ参照）〉

子2人：相続時精算課税は110万円以下なので非課税

子の配偶者2人：115万円×2人×2年+35万円×2人×2年+20万円×2人=640万円

孫4人：210万円×4人×2年+50万円×4人×2年+20万円×4人=2,160万円

合計2,800万円（6〜10年目）

（単位：円）

相続税の試算

			子2人	子の配偶者2人合計	孫4人合計
スタート時点の財産	A	1,000,000,000			
1人分の贈与額（1～5年）			3,110万円×1+110万円×4+	1,610万円×3+1,110万円×2+	3,110万円×3+1,610万円×2+
1人分の贈与額（6～10年）			110万円×5	710万円×2+410万円×2+310万円	1,110万円×2+510万円×2+310万円×4
贈与財産	B	918,000,000	82,000,000	192,000,000	644,000,000
上記のうち生前加算	C	0			
相続税課税対象財産	D（＝A－B＋C）	82,000,000	82,000,000		
基礎控除額	E	△42,000,000			
課税対象額	F（＝D－E）	40,000,000			
納付税額	G	5,000,000	5,000,000		限界税率、15%
贈与税の合計額	H	253,700,000	21,700,000	47,400,000	184,600,000
納付税額合計（G＋H）	I	258,700,000	26,700,000	47,400,000	184,600,000

↓

ケース33に比べ、1億3,630万円少ない

【配偶者なし・財産が10億円の方へのアドバイス】

1　まずは、相続税の試算をしてみることが必要です。

2　相続税の限界税率を把握し、それ以下での贈与税の限界税率での贈与を繰り返し行うことが効果的です。

3　法定相続人が、子2人のケースで、子、子の配偶者、孫への生前贈与を実行する場合には、次の贈与が効率的なことが多いと思われます。

> ①　子には、暦年贈与を行っていくが、相続が見込まれる年の7年前からは相続時精算課税で新たに設けられた110万円ずつの贈与を行う。
>
> ②　子の配偶者及び孫4人には毎年、暦年課税の贈与を行う。

4　相続までの期間を5年、10年と想定してシミュレーションをしていると以下のような結果となります。

(万円)

	対策なし ①	相続までの期間			
		5年	① との差	10年	① との差
相続税	39,500	6,360	△33,140	500	△39,000
贈与税		22,570	22,570	25,370	25,370
合計	39,500	28,930	△10,570	25,870	△13,630

　当然の帰結ではありますが、相続までの期間が長くなればなるほど、納税額の減少効果は大きく出ることになります。したがって、早めの対策の着手が効果的ということになります。

　86ページの財産10億円で配偶者がいるケースと比較すると、生前贈与の効果が格段に高いことがわかります。

2　財産が2億円のケース

①　何も対策をしない場合

【ケース36　法定相続人が、子2人のケース】

下記のように、相続税が3,340万円となり、限界税率が30％となります。

(単位：円)

			長男	二男	
課税財産額	A	200,000,000	100,000,000	100,000,000	
基礎控除額	B	△ 42,000,000			
課税対象額	C（＝A－B）	158,000,000			
算出相続税額	D	33,400,000	16,700,000	16,700,000	
納付税額	F（＝D－E）	33,400,000	16,700,000	16,700,000	限界税率、30％

②　相続まで5年と想定した場合

配偶者がいないケースなので、相続までの想定期間を5年で検討するのを一番先にすべきと考えられますので、5年から検討します。

①　子2人には、令和5年分のみx万円ずつの暦年贈与を行う。2年目から相続時精算課税で新たに設けられた110万円ずつの贈与を行う。

②　子の配偶者2人には毎年5年間、y万円ずつの贈与を行う。

③　孫4人には毎年5年間、x万円ずつの贈与を行う。

上記の贈与を行うと、（x×2人×1年＋110万円×2人×4年）＋（y×2人×5年）＋（x×4人×5年）の
財産が減少することになります。減少財産額は22x＋10y＋980万円となります。

ケース36の相続税の限界税率が30％のため、相続税の限界税率以下の贈与税の限界税率は30％となります。贈与税の限界税率の30％は、特例

税率で1,000万円となり、一般税率で600万円以下となります。

　したがって、x＝1,110万円、y＝710万円ということになります。

　これを上の方程式に当てはめると、3億2,500万円の財産が減少します。すると、相続財産以上の贈与となります。したがって、相続というのはいつ発生するかは本来予測できるものではないので、順次贈与金額を切り下げて相続税の限界税率と贈与税の限界税率を調整していく方法が良いと思われます。

　ゆえに、まず令和5年分においては、x＝1,110万円、y＝710万円として贈与を行うこととします。これで1年間に8,080万円の財産が減少します。相続税の課税対象額が7,720万円になり、相続税の限界税率は20％に下がるので、贈与税の限界税率が30％の贈与は不利になります。したがって、贈与税の限界税率20％の贈与を実行することになります。x＝710万円、y＝510万円となります。これで1年間に5,280万円の財産が減少します。相続税の課税対象額が1億520万円になり、相続税の限界税率は30％になり、贈与税の限界税率20％の贈与は効果的であるといえます。

　2年目の贈与は子が精算課税の110万円とし、子以外については1年目と同額の贈与を実行すると、4,080万円の財産が減少し、相続税の課税対象額が6,440万円になり、相続税の限界税率は20％になります。したがって、贈与税の限界税率20％の贈与は効果的であるといえます。

　3年目も2年目の贈与を継続すると、相続税の課税対象額が2,360万円になり、相続税の限界税率は15％に下がります。ゆえに贈与税の限界税率15％の贈与を実行することになります。特例贈与で510万円、一般贈与で410万円となります。これで1年間に3,080万円の財産が減少します。相続税の課税対象額が3,360万円になり、相続税の限界税率は15％のままであり、贈与税の限界税率15％の贈与は効果的であるといえます。

　4年目も3年目の贈与を継続すると、相続税の課税対象額が280万円

110

になり、相続税の限界税率は10%に下がるので、4年目の贈与は、贈与税の限界税率が10%の贈与を実行することになります。特例贈与、一般贈与とも310万円となります。これで1年間に2,080万円の財産が減少します。相続税の課税対象額が1,280万円になり、相続税の限界税率は10%です。

5年目の贈与も、4年目と同様に贈与税の限界税率が10%の贈与を実行すると、相続税の課税対象額がマイナスになるので、5年目の贈与は非課税で行うことになります。これで1年間に880万円の財産が減少し、相続税の課税対象額が400万円になり、相続税の限界税率は10%のままです。

以上をまとめると以下のとおりとなります。

【ケース37　財産が2億円、相続まで5年と想定（配偶者なし）】

① 　子2人には、1年間、1,110万円ずつの暦年贈与を行う。2年目から相続時精算課税で新たに設けられた110万円ずつの贈与を行う。

② 　子の配偶者2人には1年目510万円ずつ、その後2年間410万円ずつ、4年目310万円ずつ、5年目に110万円ずつの暦年贈与を行う。

③ 　孫4人には1年目710万円ずつ、その後2年間510万円ずつ、4年目310万円ずつ、5年目に110万円ずつの暦年贈与を行う。

（単位は万円　㊥＝暦年贈与、🔳精＝相続時精算課税）

	1年目 （令5）	2年目 （令6）	3年目 （令7）	4年目 （令8）	5年目 （令9）
子2人	㊥ 710	精 110	精 110	精 110	精 110
子の配偶者2人	㊥ 510	㊥ 510	㊥ 410	㊥ 310	㊥ 110
孫4人	㊥ 710	㊥ 710	㊥ 510	㊥ 310	㊥ 110
合計	5,280	4,080	3,080	2,080	880

〈贈与税額（35ページ参照）〉

子2人：90万円×2人×1年＝180万円。相続時精算課税は110万円以下なので非課税

子の配偶者2人：55万円×2人×2年＋35万円×2人×1年＋20万円×2人×1年＝330万円

孫4人：90万円×4人×2年＋50万円×4人×1年＋20万円×4人×1年＝1,000万円

合計2億2,570万円

（単位：円）

相続税の試算			子2人	子の配偶者 2人合計	孫4人合計
スタート時点の財産	A	200,000,000			
1人分の贈与額			710万円＋110万円 ×4	510万円×2＋410万円 ＋310万円＋110万円	710万円×2＋510万円 ＋310万円＋110万円
贈与財産	B	154,000,000	23,000,000	37,000,000	94,000,000
上記のうち生前加算	C	0			
相続税課税対象財産	D（＝A－ B＋C）	46,000,000	23,000,000	23,000,000	
基礎控除額	E	△ 42,000,000			
課税対象額	F（＝D －E）	4,000,000			
算出相続税額	G	400,000	200,000	200,000	
納付税額	I	400,000	200,000	200,000	限界税率、40%
贈与税の合計額	J	15,100,000	1,800,000	3,300,000	10,000,000
納付税額合計（I＋J）	K	15,500,000	2,000,000	3,500,000	10,000,000

↓
ケース36に比べ、1,790万円少ない

【ケース38　財産が2億円、相続まで10年と想定（配偶者なし）】

　財産が10億円のときとは異なり、5年までで計画的な贈与は完了しているといえるので、ここでは当初より相続までの期間が10年として贈与を実行していくこととします。

> ①　子2人には、3年間、x万円ずつの暦年贈与を行う。4年目から相続時精算課税で新たに設けられた110万円ずつの贈与を行う。
> ②　子の配偶者2人には毎年10年間、y万円ずつの贈与を行う。
> ③　孫4人には毎年10年間、x万円ずつの贈与を行う。

　上記の贈与を行うと、（x×2人×3年＋110万円×2人×7年）＋（y×2人×10年）＋（x×4人×10年）＝46X＋20Y＋1,540万円の財産が減少することになります。xとyを同額とすると、減少財産額は66

x ＋1,540万円となります。

　ケース36の限界税率は30％ですが、贈与税の限界税率10％である x ＝ y ＝310万円と仮置きして、上記方程式に当てはめると、 2 億2,000万円の財産が減少します。すると相続税の課税対象が、マイナスになってしまうので、相続税の限界税率が10％を切ることになる相続税の課税対象を2,000万円とすることを目指すことになります。

　15,800万円－2,000万円＝ 1 億3,800万円

　 1 億3,800万円－1,540万円＝ 1 億2,260万円

　 1 億2,260万円÷66≒185万円となるので、 x ＝ y ＝185万円となります。

（単位は万円　㊥＝暦年贈与、■精■＝相続時精算課税）

	1 年目	2 年目	3 年目	4 年目	5 年目	6 年目	7 年目	8 年目	9 年目	10年目
子 2 人	暦 185	暦 185	暦 185	精 110	精 110	精 110	精 110	精 110	精 110	精 110
子の配偶者 2 人	暦 185	暦 185	暦 185	暦 185	暦 185	暦 185	暦 185	暦 185	暦 185	暦 185
孫 4 人	暦 185	暦 185	暦 185	暦 185	暦 185	暦 185	暦 185	暦 185	暦 185	暦 185

　贈与税は、185万円－110万円＝75万円、75万円×10％＝7.5万円

　　子 2 人：7.5万円× 2 人× 3 年＝45万円。相続時精算課税は110万円
　　　　　　以下なので非課税

　　子の配偶者 2 人：7.5万円× 2 人×10年＝150万円

　　孫 4 人：7.5万円× 4 人×10年＝300万円

114

（単位：円）

相続税の試算			子2人	子の配偶者2人合計	孫4人合計
スタート時点の財産	A	200,000,000			
1人分の贈与額			185万円×3+110万円×7	185万円×10	185万円×10
贈与財産	B	137,500,000	26,500,000	37,000,000	74,000,000
上記のうち生前加算	C	0			
相続税課税対象財産	D（=A-B+C）	62,500,000	31,250,000	31,250,000	
基礎控除額	E	△42,000,000			
課税対象額	F（=D-E）	20,500,000			
算出相続税額	G	2,075,000	1,037,500	1,037,500	
納付額	I	2,075,000	1,037,500	1,037,500	限界税率、40%
贈与税の合計額	J	4,950,000	450,000	1,500,000	3,000,000
納付税額合計（I+J）	K	7,025,000	1,487,500	2,537,500	3,000,000

↓

ケース36に比べ、2,638万円少ない

【配偶者なし・財産が2億円の方へのアドバイス】

1　まずは、相続税の試算をしてみることが必要です。

2　相続税の限界税率を把握し、それ以下での贈与税の限界税率での贈与を繰り返し行うことが効果的です。

3　法定相続人が、子2人のケースで、子、子の配偶者、孫への生前贈与を実行する場合には、次の贈与が効率的なことが多いと思われます。

①　子には、暦年贈与を行っていくが、相続が見込まれる年の7年前からは相続時精算課税で新たに設けられた110万円ずつの贈与を行う。

②　子の配偶者及び孫4人には毎年、暦年課税の贈与を行う。

4　相続までの期間を5年、10年と想定してシミュレーションをしてい

ると以下のような結果となります。

（万円）

	対策なし ①	相続までの期間			
		5年	① との差	10年	① との差
相続税	3,340	40	△3,300	208	△3,132
贈与税		1,510	151	495	495
合計	3,340	1,550	△1,790	703	△2,638

　当然の帰結ではありますが、相続までの期間が長くなればなるほど、納税額の減少効果は大きく出ることになります。したがって、早めの対策の着手が効果的ということになります。

6 相続税・贈与税関係のその他の改正

(1) 相続税の除斥期間の延長

　更正をすることができないこととなる日前6か月以内に相続税の更正の請求がされた場合において、当該請求に係る更正に伴い当該請求をした者の被相続人から相続等により財産を取得した他の者に係る課税価格等に異動を生ずるとき（当該他の者に係る通常の更正決定等の除斥期間が満了する日以前に当該請求がされた場合に限られる。）は、当該他の者の相続税に係る更正若しくは決定又は当該更正若しくは決定等に伴う加算税の賦課決定は、当該請求があった日から6か月を経過する日まで行うことができることとされました。

適用時期

　令和5年4月1日以後に申告書の提出期限が到来する相続税について適用されます。

(2) 相続財産を贈与した場合の相続税の非課税制度

　相続財産を贈与した場合の相続税の非課税制度の対象となる法人の範囲に福島国際研究教育機構が加えられました。

適用時期

　福島国際研究教育機構の設立（令和5年4月予定）をもって適用されます。

(3)　医業継続に係る相続税・贈与税の納税猶予制度

①　相続税・贈与税の納税猶予制度等における移行期限を、移行計画の認定の日から起算して5年（現行：3年）を超えない範囲内のものとされました。

②　適用期限が3年3か月延長されます。

適用時期

　良質な医療を提供する体制の確立を図るための医療法等の一部を改正する法律の改正を持って適用されます。

【マンションの相続税評価についての適正化】

　令和4年12月16日に自民党・公明党により公表された大綱には、「マンションについては、市場での売買価格と通達に基づく相続税評価額とが大きく乖離しているケースが見られる。現状を放置すれば、マンションの相続税評価額が個別に判断されることもあり、納税者の予見性を確保する必要もある。このため、相続税におけるマンションの評価方法については、相続税法の時価主義の下、市場価格との乖離の実態を踏まえ、適正化を検討する。」とされています。

　この適正化の検討の契機になったのが、令和4年4月19日最高裁判決です。この裁判の概要は、納税者が相続税の申告に際し、建物（共同住宅）とその敷地について財産評価基本通達に基づき評価して申告を行ったところ、課税庁が、「この評価通達の定めにより評価することが著しく不適当と認められる」（評価通達6）として鑑定評価額を基に課税処分がされたことから争いになったものです。結果は、課税庁の課税処分が維持された裁判です。

118

　納税者は、財産評価基本通達に従って評価を行い申告したところ、課税庁はこの評価通達によらず鑑定評価額により課税処分を行ったことから、「マンションの相続税評価額が個別に判断されることもあり、納税者の予見性を確保する必要もある。」ので、マンションの相続税評価についての適正化が検討されることになったものです。

【今後】

　令和５年１月30日に、国税庁によって「第１回　マンションに係る財産評価基本通達に関する有識者会議」が開催され、次の意見がありました。

◎　価格乖離の問題は、タワーマンションだけではなくマンション全体にいえるのではないか。そうすると、時価主義の観点からは、見直しの範囲を一部のタワーマンションに限定すべきではない。

◎　評価方法を見直した結果、評価額が時価を超えることとならないようにする配慮が必要。

◎　時価と相続税評価額との価格乖離の要因分析を行うに当たり、統計的手法による分析が有用ではないか。

◎　市場への影響にも配慮すべき（販売時において、マンションと一戸建ての選択におけるバイアスがかからないように、一戸建てとのバランスにも配慮し、急激な評価増にならないようにすべき。）。

◎　足元、マンション市場は新型コロナウィルス感染症の影響により建築資材の価格が高騰していることから、いわゆるコロナ前の時期における実態も把握する必要がある。

┌─ (参考)　マンションに係る財産評価基本通達に関する有識者会議 ─┐

（委員）

澁谷　雅弘　中央大学法学部教授

杉浦　綾子　不動産鑑定士

戸張　有　一般財団法人日本不動産研究所　公共部長

平井　貴昭　日本税理士会連合会　常務理事・調査研究部長

星野　浩明　一般社団法人不動産協会　税制委員会　委員長

前川　俊一　明海大学名誉教授

吉田　靖　東京経済大学経営学部教授

（オブザーバー）

総務省　自治税務局

財務省　主税局

国土交通省　住宅局、不動産・建設経済局

7 今後の課題

　1ページで触れた専門家会合において、資産移転の時期の選択により中立的な税制の構築に向けて論点整理された課題の内、今回の改正で対応されていない事項の概略は次のとおりです。

(1) 相続税の課税方式

　わが国の場合は、法定相続分課税方式の下、贈与税・相続税が別個の税体系となっているため、相続時精算課税制度は導入されているものの、諸外国のように、贈与時点において課税関係が完結する形で累積的な課税を行うことは難しい。中期的に、諸外国と同様の形で累積的な課税を目指すとすれば、法定相続分課税方式を見直していくことが考えられるとの意見があり、その見直しの方向性として次の意見がありました。

◎　遺産取得課税方式への移行が適当ではないか、さらに、贈与税・相続税の一体的・累積的に課税することが望ましいのではないかとの意見

◎　現状及び富の社会還元の必要性を踏まえれば、遺産課税方式の考え方も重要ではないかとの意見

(2) 相続時精算課税関係

　受贈財産について一定の要件の下での小規模宅地等の特例を検討すべきではないかとの意見がありましたが、一方で、慎重に考えるべきとの意見がありました。

(3) 暦年課税関係

　相続税の贈与税額控除に際し還付を可能とすることについて、加算期間を相応に長い期間とする場合には検討すべきではないかとの意見がありました。

(4) 住宅取得等資金の贈与を受けた場合の非課税措置、教育資金の一括贈与に係る贈与税の非課税措置、結婚・子育て資金の一括贈与に係る贈与税の非課税措置

　これらの措置は、資産の移転に対して何らの税負担も求めない制度となっており、富裕層の子弟の教育等の資金支援を促し、世代を超えた格差の固定化につながりかねない懸念があるとの意見があり、特に、教育資金や結婚・子育て資金に係る非課税措置については、制度創設当初と比べ、適用件数も大きく減少しており、これらの措置で認められている使途については、近年、公費でカバーされる部分が増加している。相続時精算課税制度の使い勝手の向上と併せて、廃止する方向で検討することが適当ではないかとの意見がありました。

（参考）第23回生命表—令和4年3月2日厚生労働省発表—

（男）

年齢	平均余命	年齢	平均余命	年齢	平均余命
0	81.56	39	43.46	78	10.58
1	80.71	40	42.50	79	9.95
2	79.73	41	41.54	80	9.34
3	78.74	42	40.58	81	8.74
4	77.75	43	39.62	82	8.17
5	76.76	44	38.67	83	7.62
6	75.76	45	37.72	84	7.09
7	74.77	46	36.78	85	6.59
8	73.77	47	35.84	86	6.11
9	72.78	48	34.90	87	5.66
10	71.78	49	33.97	88	5.24
11	70.78	50	33.04	89	4.85
12	69.79	51	32.12	90	4.49
13	68.79	52	31.21	91	4.15
14	67.80	53	30.30	92	3.83
15	66.81	54	29.40	93	3.55
16	65.82	55	28.50	94	3.29
17	64.84	56	27.61	95	3.06
18	63.86	57	26.73	96	2.86
19	62.88	58	25.85	97	2.68
20	61.90	59	24.98	98	2.51
21	60.93	60	24.12	99	2.35
22	59.96	61	23.27	100	2.21
23	58.99	62	22.43	101	2.07
24	58.02	63	21.60	102	1.95
25	57.05	64	20.78	103	1.83
26	56.08	65	19.97	104	1.73
27	55.10	66	19.16	105	1.63
28	54.13	67	18.37	106	1.54
29	53.16	68	17.60	107	1.45
30	52.18	69	16.84	108	1.37
31	51.21	70	16.09	109	1.30
32	50.24	71	15.36	110	1.23
33	49.27	72	14.63	111	1.16
34	48.30	73	13.92	112	1.10
35	47.33	74	13.23	113	1.05
36	46.36	75	12.54		
37	45.40	76	11.87		
38	44.43	77	11.22		

（女）

年齢	平均余命
0	87.71
1	86.86
2	85.88
3	84.89
4	83.90
5	82.90
6	81.91
7	80.91
8	79.92
9	78.92
10	77.93
11	76.93
12	75.93
13	74.94
14	73.95
15	72.95
16	71.96
17	70.97
18	69.98
19	69.00
20	68.01
21	67.02
22	66.04
23	65.06
24	64.07
25	63.09
26	62.10
27	61.12
28	60.13
29	59.15
30	58.17
31	57.18
32	56.20
33	55.21
34	54.23
35	53.25
36	52.27
37	51.29
38	50.31

年齢	平均余命
39	49.34
40	48.37
41	47.39
42	46.42
43	45.45
44	44.49
45	43.52
46	42.56
47	41.60
48	40.65
49	39.70
50	38.75
51	37.80
52	36.86
53	35.92
54	34.99
55	34.06
56	33.12
57	32.19
58	31.27
59	30.35
60	29.42
61	28.51
62	27.59
63	26.68
64	25.78
65	24.88
66	23.98
67	23.09
68	22.20
69	21.32
70	20.45
71	19.59
72	18.73
73	17.89
74	17.05
75	16.22
76	15.40
77	14.59

年齢	平均余命
78	13.79
79	13.01
80	12.25
81	11.50
82	10.77
83	10.07
84	9.38
85	8.73
86	8.10
87	7.49
88	6.91
89	6.37
90	5.85
91	5.37
92	4.92
93	4.50
94	4.12
95	3.78
96	3.48
97	3.21
98	2.96
99	2.73
100	2.53
101	2.34
102	2.17
103	2.01
104	1.86
105	1.73
106	1.61
107	1.50
108	1.39
109	1.30
110	1.21
111	1.13
112	1.05
113	0.98
114	0.92

【著者紹介】

松岡　章夫（まつおか　あきお）

　昭和33年東京都生まれ。早稲田大学商学部卒業、筑波大学大学院企業法学専攻修士課程終了。大蔵省理財局、東京国税局税務相談室等を経て、平成5年3月国税庁資料調査課を最後に退職。平成7年8月税理士事務所開設、平成16・17・18年度税理士試験試験委員。他に東京地方裁判所所属民事調停委員、全国事業再生税理士ネットワーク副代表幹事、早稲田大学大学院（会計研究科）非常勤講師、東京国際大学大学院客員教授など。

〔主な著書〕

　平成16～令和5年度「税制改正早わかり」、「令和4年12月改訂　所得税・個人住民税ガイドブック」、「4訂版　不動産オーナーのための会社活用と税務」、「令和3年版　Q&A232問　相続税　小規模宅地等の特例」、「令和4年版　図解　事業承継税制」、「個人版事業承継税制のポイント」、「法務・税務からみた配偶者居住権のポイント」、「ゼミナール相続税法」（いずれも大蔵財務協会刊）など。

山岡　美樹（やまおか　よしき）

　昭和33年愛知県生まれ。横浜国立大学経営学部卒業。東京国税局課税第一部審理課、資産課税課等を経て、平成20年7月総務部税務相談室を最後に退職。同年8月税理士登録。文京学院大学大学院客員教授。

〔主な著書〕

　「令和4年版　図解　事業承継税制」、「個人版事業承継税制のポイント」、「改訂版　資産税調査における是否認の接点」、「令和3年版　Q&A232問　相続税　小規模宅地等の特例」（共著・大蔵財務協会刊）、「相続税・贈与税　特例の判定と税務処理」（共著・新日本法規）

大蔵財務協会は、財務・税務行政の改良、発達およびこれらに関する知識の啓蒙普及を目的とする公益法人として、昭和十一年に発足しました。爾来、ひろく読者の皆様からのご支持をいただいて、出版事業の充実に努めてきたところであります。

今日、国の財政や税務行政は、私たちの日々のくらしと密接に関連しており、そのため多種多様な施策の情報をできる限り速く、広く、正確にかつ分かり易く国民の皆様にお伝えすることの必要性、重要性はますます大きくなっております。

このような状況のもとで、当協会は現在、「税のしるべ」（週刊）、「国税速報」（週刊）の定期刊行物をはじめ、各種書籍の刊行を通じて、財政や税務行政についての情報の伝達と知識の普及につとめております。また、日本の将来を担う児童・生徒を対象とした租税教育活動にも、力を注いでいるところであります。

今後とも、国民・納税者の方々のニーズを的確に把握し、より質の高い情報を提供するとともに、各種の活動を通じてその使命を果たしてまいりたいと考えておりますので、ご叱正・ご指導を賜りますよう、宜しくお願い申し上げます。

一般財団法人　大蔵財務協会
理事長　木村幸俊

富裕層だけじゃない!!　ケース別にわかる
令和5年からはじめる計画的生前贈与のシミュレーション

令和5年3月31日　初版発行
令和5年7月6日　再版発行

不許
複製

著　者　松　岡　章　夫
　　　　山　岡　美　樹
（一財）大蔵財務協会　理事長
発行者　木　村　幸　俊

発行所　一般財団法人　大蔵財務協会
〔郵便番号　130-8585〕
東京都墨田区東駒形1丁目14番1号
（販　売　部）TEL 03(3829)4141・FAX 03(3829)4001
（出版編集部）TEL 03(3829)4142・FAX 03(3829)4005
http://www.zaikyo.or.jp

乱丁・落丁はお取替えいたします。　　　　　印刷　恵友社
ISBN 978-4-7547-3113-7